IX **9Marks** 健康教會九標誌

我真是基督徒嗎？
Am I Really a Christian?

邁克‧麥金利（Mike McKinley） 著

陳晨 譯

Am I Really a Christian?

Copyright © 2011 by Mike McKinley

Published by Crossway

1300 Crescent Street

Wheaton, Illinois 60187

我真是基督徒嗎？

作者：邁克·麥金利（Mike McKinley）

翻譯：陳晨

校譯：段海濤　趙然

特約編輯：恩生

ISBN：978-1-958708-50-7

電子書 ISBN：978-1-958708-33-0

除非特別説明，本書所有經文均引自和合本聖經。

版權所有 © 九標誌中文事工

這本書真是解燃眉之急的好書——作者為着基督的榮耀，在書中提出了人類所面臨的最嚴峻的問題，並給予了精彩的解答。我為着麥金利的忠心和對牧者的關懷而感恩，正是這種忠心和關懷促使他寫出了這麼重要的書。

——阿爾伯特·莫勒（Albert Mohler），美南浸信會神學院院長

（本書）簡明、犀利、迷人、實在、懇切、直白，並且深具牧養情懷。如果你身邊有**任何**懷疑自己是否重生了的朋友（或者應該對自己質疑的人！），讓他們讀讀這本書吧！

——戴夫·哈維（Dave Harvey），主權恩典事工，牧養和植堂負責人，著有《拯救的野心》

無論是日常的瑣事還是嚴肅的哲理，邁克總能深情款款而又不失深度地談論它們。這樣的結合恰到好處，又極為罕見。在這部新作中，他運用了以上技巧，並借用日常生活的經歷闡釋了一個深奧且重要的屬靈真理——如何分辨自己是否是基督徒。

——傑克遜·克拉姆（Jackson Crum），芝加哥公園社區教會主任牧師

一點沒錯，還有甚麼比確認我們是否真是基督徒更重要的呢？人們想出了很多不同的方法來思考這個問題——從你是否做過「決志禱告」到在聖經裏夾着某次復興大會的出席卡，再到確保某某教會的文檔裏存有你的「個人資料」……察驗我們的信心絕沒有如此簡單，麥金利為我們的心靈自測指點了迷津。本書是很好的靈修材料，也很適合小組討論，我認為，本書甚至能幫助一些人第一次真正明白耶穌基督的福音。

——紀格睿（Greg Gilbert），路易維爾第三大道浸信會主任牧師

沒有比「我真是基督徒嗎?」更重要的問題了，麥金利為我們抽絲剝繭，層層分析。他勇於質疑掛名基督徒，同時又安慰真信徒。麥金利的文字平實親切，簡單卻不幼稚。我尤為欣賞他特別強調我們應當在教會群體中探尋這個重要的問題。如果你還不確定你在神面前的身分，或者你認識尚不能確定的朋友，那麼這將是一本為你們量身定製的好書。

——查斯特（Tim Chester），博溪神學院院長，著有《你可以改變》和《與耶穌飲飲食食》

你與神的關係如何？面對天堂和地獄，你將何去何從？難道還有比這更重大的人生問題嗎？我敢肯定，每個置身永恆

中的人——上億人中，無一例外——都會認同探尋這個問題是人生的頭等大事，並且片刻都耽擱不得。所以，如果你還不確定問題的答案，請你務必拿起這本書。終有一天，那日子會真實得就像你出生的那天，會真實得就像你讀到這段文字的今天，你要進入另一個世界，你要永遠待在那裏。你準備好了嗎？如果還沒有，本書能告訴你聖經的預備之法。

——唐·惠特尼（Donald S. Whitney），美南浸信會神學院副院長、聖經靈修副教授，著有《怎樣確定我是一個基督徒》

謹以此書獻給以下四位，
他們以身作則、諄諄教導我何為真基督徒：

達爾雷・歐文斯（Darryle Owens）
傑克遜・克拉姆（Jackson Crum）
狄馬可（Mark Dever）
以及我的父親

目　錄

序

大多數人都認為定期體檢是必要的。當體檢結果正常，我們便長舒一口氣，但即使發現問題，只要對症下藥，及時解決，我們也能感到寬慰。然而，我們這些生活在「現代基督教美國」（甚至是後現代時期）的人卻往往對靈性體檢避而遠之，不願用神的話來察驗我們的靈性健康。可這正是保羅對哥林多人的勸勉：

> 你們總要自己省察有信心沒有，也要自己試驗。豈不知你們若不是可棄絕的，就有耶穌基督在你們心裏嗎？（林後 13:5）

其實，地獄裏擠滿了自稱為基督徒，卻從來不察驗自己的人。一旦我們跨入永恆，一切都將為時已晚，那時主將用駭人的聲音說：

> 我從來不認識你們，你們這些作惡的人，離開我去吧！（太 7:23）

在我與主同行的20年裏，我一直渴望確知自己是一個真正的基督徒，也想努力探明信心和善果之間的關聯。問題是，我們常常以為結好果子就能將我們變成好樹。但任何果農都會告訴你，果實是樹自然生長的結果，果子最多只能表明樹的種類。如果一棵樹上的果子乾癟、腐爛或是沒有結出果實，那麼即便在樹上掛上塑料果子也並不能解決問題。

現在，「名醫」邁克‧麥金利正要為我們做一次體檢。放心吧，他在病榻前又溫柔又細心，而且深切關懷我們的靈性健康。愛之深，責之切，他甚至邀請我們所有人：用神的話自我檢視，捫心自問：我真是基督徒嗎？

柯克‧卡梅倫（Kirk Cameron）

前　言

這是一本吹毛求疵的書嗎？

好了，現在是開場白。恭喜你已經成功讀完了目錄和序，好不容易翻到了這裏！此刻，通常會有些內容的介紹，尤其是關於我自己和這本書。那麼，讓我們開始吧。

本書致力於向你發出警告，你可能不是真基督徒。由於我確信這世上有太多這樣的人，他們滿心以為自己是基督徒，但實際上並不是，所以我想請你思考一個問題：「我真是基督徒嗎？」

聽到這個問題，你可能會忍不住想問：「這是哪個自以為是的笨蛋寫了這樣一本書？誰喜歡羞辱人，打破別人的黃粱美夢呢？」好吧，老實說，我的確是一個常常自以為是的傻瓜，關於這一點，你可以問問我的朋友。

但是請你相信，我之所以寫這本書，是因為我真心想幫你。今天，我們這些自稱為基督徒的人遇到了一個嚴肅的問題。很多人對這個比生死還重大的問題似懂非懂，他們無法分辨甚麼樣的人才是真正的基督徒。

請聽我解釋。在很多次文化和小圈子中，進階為「圈內

人」往往需要過五關、斬六將。我在年輕時經常混跡於龐克搖滾發燒友中。在那個圈子裏，我們總為一些人和樂隊是否夠「純粹」而爭論不休。如果你不符合某些條件或拒絕認同一些意識形態，我們就會把你看作冒牌貨、偽龐克和想要模仿的傢伙。在純正的龐克搖滾圈內，最糟糕的事無疑是被人貼上「裝腔作勢」的標籤。但有誰會真的那麼在意真假龐克之間的區別呢？龐克族是否魚目混珠，並不能決定任何人的永恆去處。

再舉個例子。你只要稍微了解我，就知道我是紐約洋基隊的死忠球迷。我會帶上全家，不遠萬裏到現場為他們助威；我幾乎從來不會錯過紐約洋基隊的電視賽事轉播；我用他們球員的名字為我們家的狗命名；如果紐約洋基隊失利，我必定會整日鬱鬱寡歡（還好他們不常輸）。

想像一下，如果現在你也自認是一名紐約洋基隊的死忠球迷。但一經交流，我就發現你顯然已經多年沒有看過他們的比賽了。你不知道他們的現任隊員都有誰。你只不過略微關注了一下季後賽，以便在總冠軍賽的熱潮中跟風追捧而已。好吧，你這種人算不上我心中的「洋基鐵粉」。我只會將你視為一個普通的球迷或某種愛出風頭的人罷了。

但和龐克族的身分一樣，有誰會真的那麼在意呢？沒有人會因為自己是不是紐約洋基隊的死忠球迷而面臨生死難關。在末後審判面前，這個身分其實真的沒有太大意義。然而，當說到

「你是不是基督徒」這個問題，就會使我們從無關緊要的領域突然游入湍急的深淵。現在，落入危險的可是你永恆的靈魂。

耶穌教導我們，在這世上有兩類人，他們將在今生和死後經歷兩種截然不同的命運。跟從他的人將在今生得到豐盛的生命，並在他的同在中得到他永遠的祝福（約10:10；太25:34）。不跟從他的人將荒廢他們在世的年歲，並最終要為他們的罪日夜承受神公義的憤怒，直到永遠。親愛的朋友，你是不是真基督徒實在是個生死攸關的大問題啊！

試想我們正在參加一場田徑比賽。根據比賽規則，我們當下的位置並不重要，重要的是我們能否堅持跑完全程。不僅如此，我們永恆的命運還取決於我們能不能完成這場比賽。如果我們能跑到終點，將享受無盡的喜樂。不論原因如何，如果我們半途而廢，將受到無盡的折磨。如果是這樣，這註定將是一場不容忽視的比賽，難道不是嗎？

現在想像一下，我們朝跑道望去，看到一些人身穿運動短褲和閃亮的跑鞋，但不知為何，他們閒坐在跑道旁；一些人在起跑器上擺好姿勢，像一尊雕像一樣全身緊繃，但他們只是站在原地，一動不動。另一些人則在跑道上漫無目的地閒逛；還有些人完全跑到錯誤的跑道上去了。

假使我們停下來與這些胡亂跑動和原地不動的人交流，很快你就會發現他們滿以為自己跑得很好。他們說他們期待跑到

終點並領取大獎。他們喜笑顏開，大談特談跑完以後的美好人生。但問題是，我們知道，按照他們現在的速度或方向，他們永遠也不可能跑到終點。

請告訴我：面對這樣的情況，對他們最有愛心的做法是甚麼？我們若愛他們，會忽視他們的錯誤嗎？我們若愛他們，會只是禮貌性地點點頭，卻一言不發嗎？絕對不會。出於愛心，我們肯定會警告他們、說服他們，甚至懇求他們改變方向。

這正是我寫本書的初衷。我想幫助你確定，你是否正在朝着正確的方向跑那「當跑的路」。

記住這點後，接下來我有四點聲明。

首先，我從來不覺得我有哪裏比你強。我和你的處境一樣。我也需要察驗我的人生，正如我對你的教導。

其次，這本書是寫給那些自稱基督徒，或渴望成為基督徒的讀者的。如果你很清楚你不是基督徒（例如，你是回教徒、不可知論者等），你當然也可以繼續讀這本書，但或許你會發現其他書籍可以更好地為你解惑。

再次，我不認為我是這些領域的專家。你不應盲目地相信我所說的話，畢竟我自己也是一知半解。相反，我的目標是向你傳講真正權威者的話。我想翻開聖經，查考耶穌和聖經的作者們是如何看待這些問題的。我想，既然你認為自己是基督徒，你應該樂於相信和回應神的話，也願意順服他。

　　最後，我知道有很多真基督徒因為沒有得救確據而掙扎。作為一名牧師，我常常遇到良心敏感的弟兄姊妹，他們對每一次失敗和掙扎的感受都特別強烈。如果你就是這樣的人，也許你可以一邊閱讀本書，一邊向朋友尋求幫助。請他們不但要挑戰你，也要用神在你生命中的恩典來鼓勵你。如果做不到這一點，你可以先直接跳到第八章，其內容下面會有所介紹。

　　我們將在本書中涵蓋以下內容：在第一章，我想更仔細地查考耶穌和使徒保羅如何看待這個問題的嚴重性。我們將會發現，如果你只是在口頭上說自己是基督徒，那麼你未必真是基督徒。在第二章，我們將查考聖經如何定義「真」基督徒。

　　在接下來的第三章到第七章，我們將引用聖經中的一些具體經文，據此來討論判定真基督徒的幾個準則。在第八章，我們將討論得救的確據。本書的重點在於討論判定真基督徒的準則，但在花費了大量篇幅闡述這些準則之後，我們似乎也需要稍作思考，你如何才能確知自己是真基督徒。

　　在第九章，我們總結了地方教會將如何幫助你確認你是不是真基督徒。實際上，我希望你可以與教會的其他肢體一起來讀這本書。神將地方教會賜給我們，使我們有一群主內弟兄姊妹，他們對我們知根知底，也能幫助我們回答這個無比重要的問題。

　　要成為基督徒，你必須承認自己是罪人；承認自己是個罪

人，就意味着承認你容易掉入自我欺騙的圈套中。感謝主將其他弟兄姊妹賜給我們，他們可以幫助我們看到自己的盲點。因此，你或許也可以說，這本書不是寫給某個基督徒的，而是為教會中的一群基督徒而寫的。如果你以為你可以**脫離**自己教會的弟兄姊妹，完成書中所說的自我察驗，那麼這將不會是個很好的開始，你也可能永遠找不到正確的答案。

　　絮絮叨叨的一篇前言，說這麼多應該足夠了。我很高興你耐心地讀完了這些內容。現在讓我們一起來聽聽耶穌對這個話題是怎麼說的吧。

第一章

自稱基督徒並不意味着你真是基督徒

　　我的電子郵件信箱裏塞滿了各種「加入我們」的邀請函。就在這個月，我收到了從朋友和垃圾郵件傳來的訊息，分別邀請我：

- 加為臉書（Facebook）好友
- 成為網飛（Netflix）^①會員
- 加入民主黨
- 成為夢幻足球遊戲玩家
- 升級為ESPN.com的「高級會員」
- 成為某個組織的董事會成員
- 成為奈及利亞中央銀行自動提款卡持有者（卡內已預存1000萬美元！）

---

① 美國某線上影片點播網站——編註。

　　我恐怕不會接受以上所有的邀請。我已經是ESPN.com的「高級會員」了，我也沒時間玩夢幻足球電競，或成為董事會成員（不過仔細想想，也許我應該跟進一下1000萬美元的提款卡）。

　　但是，如果我不願放手，接受了這些邀請，結果將會如何？我將與這些群體建立關係，我顯然要成為其中的一員。這裏沒有太多模糊空間。成為這樣的組織成員完全在於個人的選擇：你或者加「入」，或者退「出」。目前，我和網飛（Netflix）都很清楚彼此的關係（其實我們毫無關係），因為我從來沒有加入過他們。但關鍵是：成為一名基督徒並不完全是這樣的。

神認識屬他的人

　　要知道，在神這邊，他可知道得一清二楚。他從未混淆屬他的和不屬他的人。在聖經中，我們讀到神對因信基督而得永生的人有清楚的名冊。當耶穌的72個門徒大顯身手，得意洋洋地回到他身邊時，耶穌告訴他們，「不要因鬼服了你們就歡喜，要因**你們的名記錄在天上**歡喜。」（路10:20）耶穌在另一處對門徒說：「我是好牧人，**我認識我的羊，我的羊也認識我。**」（約10:14）神知道哪些人是真基督徒，哪些人不是。

這是為何使徒保羅提到「革利免，並其餘和我一同做工的，他們的名字都**在生命冊**上。」（腓4:3）使徒約翰在他關於白色大寶座前最終審判的異象中，也提到了一本寫有神兒女名字的「生命冊」。凡名字沒有記在生命冊上的人都要被扔在火湖裏，凡名字寫在生命冊上的人都能進入新耶路撒冷（啟20:15，21:27）。所以，神知道誰屬他，誰不屬他。

你的屬靈 T 恤穿反了

然而，我們並不像神那樣洞悉一切。我們很難全面認識自己。其實我們的自我感覺常常是滑稽而有限的。

你有沒有幹過這樣的事：鞋底上粘着廁所手紙，你仍照常走來走去，毫無知覺？你有沒有穿反過衣服？或者臉上沾着一大塊番茄醬？這些醜事都曾在我身上發生過。當終於有好心人指出了我的問題（「嘿，傻子，你的衣服穿反了！」），我難免會有些尷尬。我走在路上，原本自我感覺良好（溫文爾雅、英俊瀟灑、衣着得體），但在那一瞬間，我發現事實並非如此（極其丟人）。我身邊的人都將我看得清清楚楚，而我自己卻蒙在鼓裏。

記得有一次，神特別用它來教導我，讓我了解自我感覺和現實之間有時是存在差距的。那時，我剛成為助理牧師，有幸

在教會裏帶領大約200人查經。我很喜歡帶領大家一起討論和交流。那次的學習得到了一致的好評。

第二天，我坐在好友馬特的辦公室裏，問他對昨晚的查經感覺如何，並請他給我一些建議。他告訴我，他也覺得那一晚的查經很棒，又說，我帶領的方式讓他感到很意外。「邁克，」他說，「我真不敢相信你表現得如此親切和友善，你看起來太有親和力了。我們都覺得你很樂意查經，也願意加入到我們當中。我好意外。」

馬特說這番話是為了向我表示欣賞，但我卻不這麼認為。我追問道，甚麼叫他好意外？我向來都很親切、友善，又有親和力啊！大家應該一直覺得我很樂意查經啊！我也常常為自己能很好地與人打交道而自豪。畢竟，我一直知道自己不可能靠過人的智商在生活中出人頭地；像我這樣才華有限的人，必須懂得親切友善。

但這並不是馬特對我的印象。他解釋說，雖然他對我很有好感，但他總覺得我有點冷漠、高不可攀。更糟的是，他開始給我舉出一些具體的事例來證明他的觀察。

不用說，馬特的話讓我心煩意亂。我走出他的辦公室，一遍遍地反思他的話。最終我得出結論，問題肯定出在他身上。就算他沒有問題，但他至少太過於挑剔了。雖然馬特已經和我有十年的交情，是一個值得信賴的朋友，但我依然確信我對自

己的看法是正確的,一定是他錯了。

當天中午,我約了史蒂夫一起用餐,他是我們教會的另一名成員。當時我對史蒂夫還不太了解,但他在服事教會的過程中常常能觀察到我的言行舉止。吃飯時,我向史蒂夫提起了我之前和馬特之間的對話。我將對話的內容描述了一番,然後問他怎麼看。我肯定不是一個冷冰冰、拒人於千裏之外的人,對吧?

結果把我嚇了一跳,史蒂夫聽完後拼命地點頭。他一邊嚼着墨西哥辣汁捲餅,一邊說,「對啊,你就是那個樣子。那就是你給人的印象。冷冰冰的⋯⋯我喜歡這個詞,說得很到位。」隨後他詳細地分享了他為甚麼會認為我是這樣的。吃完這頓飯後,我確信他們倆對我的看法是對的。

我真是傷心欲絕。原來我對自己的認識一直是錯謬而可笑的。我一直以為自己是親善大使,沒想到在別人眼中,我是一個冷淡且可畏之人。我怎麼會對自己的真相如此視而不見呢?你有過類似的感覺嗎?

唯一有份量的判斷

在《馬太福音》第25章中,耶穌告訴我們,有一群人認識到自己的真相時已太遲。他為最後審判的情景做了一個令人痛心的描述:

當人子在他榮耀裏，同著眾天使降臨的時候，要
坐在他榮耀的寶座上。萬民都要聚集在他面前。他要
把他們分別出來，好像牧羊的分別綿羊山羊一般；把
綿羊安置在右邊，山羊在左邊。（太 25:31-32）

在這裏，綿羊代表神的百姓和真正跟隨基督的人。他們得
到了主人的讚許，又被接到「那創世以來為你們所預備的國」
（太25:34）中。他們的歸宿正是我們想要的！

但與此同時，山羊的處境卻不是太好。聽聽耶穌是怎麼對
他們說的吧：

「王又要向那左邊的說：『你們這被咒詛的人，離
開我，進入那為魔鬼和他的使者所預備的永火裏去！
因為我餓了，你們不給我吃，渴了，你們不給我喝；
我作客旅，你們不留我住；我赤身露體，你們不給我
穿；我病了，我在監裏，你們不來看顧我。』他們也
要回答說：『主啊，我們甚麼時候見你餓了，或渴了，
或作客旅，或赤身露體，或病了，或在監裏，不伺候
你呢？』王要回答說：『我實在告訴你們：這些事你
們既不做在我這弟兄中一個最小的身上，就是不做在
我身上了。』這些人要往永刑裏去，那些義人要往永
生裏去。」（太 25:41-46）

這段經文包含了很多意思，我們將在第六章中詳細討論它。但現在有兩點對我們來說很重要。首先，這群聚集在寶座前的人都認為自己是基督徒，或者至少期待得到基督的嘉獎。當耶穌說山羊將永遠滅亡時，沒有人舉手說：「你說得對，耶穌！我錯了。我總是矢口否認你的存在。我從來沒有相信過你。我萬不該決定拒絕你！」

他們當中沒有人故意抵擋耶穌。其實當他們聽見耶穌的宣判時，他們似乎以為一定是弄錯了。他們在這個盛大的日子出席，期盼得到耶穌的賞賜。但他們大錯特錯了。他們自欺。他們沒能看清自己的真相，盲目的樂觀令他們失去了一切。

其次，你要注意到耶穌自己就是審判者。是他領人進入永生或永刑中。聚集在他面前的萬民無法決定自己的命運。他們就算竭盡心力，費盡唇舌也無法改變他的主意。在末日，唯一有份量的是耶穌是否認定你屬他。

當你站在審判者耶穌面前時，你為自己收集的任何證據都變得無足輕重。你也許會指出，你做過很多次「決志禱告」；你去過教會；你受過洗，或者你害怕第一次洗禮不「算數」，後來又受過洗；你參加過青年營會；你參加過宣教。但如果在最後的時刻，耶穌沒有望着你點頭說：「他是我的羊」或「她屬於我」，那麼一切都是白搭。你無法因判決向法官說好說歹。耶穌親自在登山寶訓中說：

「凡稱呼我『主啊，主啊』的人，不能都進天國；
惟獨遵行我天父旨意的人，才能進去。當那日，必有
許多人對我說：『主啊，主啊，我們不是奉你的名傳道，
奉你的名趕鬼，奉你的名行許多異能嗎？』我就明明
地告訴他們說：『我從來不認識你們，你們這些作惡
的人，離開我去吧！』」（太 7:21-23）

你能明白耶穌的意思嗎？你很可能真誠地相信你是基督的
追隨者，但實際上並不是。你可能嘴上稱他「主啊，主啊」，
但永遠不能進神的國。在表上打個勾表示自己是基督徒，並不
意味着你真是基督徒。

最近，有個網站很紅，人們可以在上面簽名，公開「宣告
他們對耶穌基督的信仰」。如果你喜歡這種活動，我想也未嘗
不可。但神在末日審判時不會參考這樣的網站。最終，唯一有
份量的是他對你的評價，而不是你對自己的評價。正如耶穌所
說，惟有遵行天父旨意的人才是真基督徒。其餘所有人都會聽
到耶穌說：「離開我去吧！」

令人不安的消息

我知道我在這裏所講的信息和今天很多教會的教導不同。

為了讓更多人接受耶穌的好消息，很多教會出於善意，將跟隨主的門檻一再降低。他們說成為基督徒只是做一個**決定**。只需要**嘴上說**你想成為基督徒就夠了。做一個標準的禱告；在名冊上簽字；按照這些步驟行。轉眼間，你就是基督徒了；大功告成。結案。天國歡迎你！

我們確實需要做出一次性的決定來跟隨耶穌，但在真正的一次性決定之後，是每天要定意**跟隨**耶穌。耶穌認為僅僅在表面上認同他是遠遠不夠的。成為他的跟隨者不僅需要口頭上的宣告。我擔心有太多教會鼓勵人們期待耶穌有一天會對他們說，「幹得好，忠心的僕人。」但事實上，他們會聽見他說，「離開我去吧！」而這樣的人，等他們明白過來時，已經太遲了。

你有沒有可能也是這樣的人呢？你有沒有可能不是真基督徒呢？你怎樣才能確知呢？

耶穌不是黑心的旺卡

老實說，這個問題相當複雜，而且我們常常把問題想歪。其中我們務必謹防的一個誤解和耶穌的品格有關。

還記得1971年的經典影片《歡樂糖果屋》（*Willy Wonka & the Chocolate Factory*）嗎？（我說的是吉恩・懷爾德主演的

老版科幻片,而不是強尼戴普主演的新版本。)故事的主角查理和爺爺喬在歷經旺卡巧克力廠的艱難險阻後,他們去領取許諾給他們的獎賞:終生享用旺卡的巧克力。但結果卻一波三折。巧克力工廠的老闆威利‧旺卡以技術問題為由拒絕了查理的獲獎資格。場景大致如下:

> 爺爺喬(以下簡稱「爺爺」):旺卡先生?
>
> 威利‧旺卡:我忙得不可開交。
>
> 爺爺:我只是想問問關於巧克力的事。呃,就是終生享用巧克力……您答應過查理的。他甚麼時候才能得到?
>
> 威利‧旺卡:他沒指望了。
>
> 爺爺:為甚麼?
>
> 威利‧旺卡:因為他違反規則。
>
> 爺爺:甚麼規則?我們沒看見任何規則呀,對嗎,查理?
>
> 威利‧旺卡:大錯特錯,先生!大錯特錯!在他簽署的合同37B款項明確表示,只要符合以下情形,所有承諾一筆勾銷──你可以自己讀讀這份合同的影印副本:「我,簽署人,將放棄此處提及的一切權利、特權和許可」……等等「(拉丁文)理性的

火把照亮榮耀之路」……等等「（拉丁文）我知道一罪當二罰（旺卡在此處用拙劣的拉丁文拼寫『一罪不二罰』——譯註）」！全在這裏，白紙黑字，一清二楚！你偷喝汽水！你撞到天花板，弄得現在要清洗和消毒房頂，所以你們甚麼也別想得到！你們輸了，再見！

　　爺爺：你這個騙子！你這個招搖撞騙的傢伙！使詐的壞人！你就是這樣！你讓一個小男孩滿懷希望，又一點點撕碎他所有的夢想，你怎能做出這樣的事？你這個沒人性的禽獸！

　　威利·旺卡：我已經說過了，「再見」！[2]

　　我們需要謹防這樣的誤解：耶穌不是黑心的旺卡。我們的神不喜歡隱瞞真相，不會在關鍵時刻反悔，不再兌現他的承諾。他不是糾纏於細節的吝嗇鬼，隨時想要撤回他的祝福。

　　相反，神喜悅拯救他的子民。耶穌說他來是要「尋找、拯救失喪的人。」（路19:10）這就是他來到世間，救我們脫離罪惡的原因。如果他不願意拯救我們，他原本無需來到世上。耶穌不是騙子，不是招搖撞騙之徒，更不是沒有人性的禽獸。這

---

② 《歡樂糖果屋》，根據羅爾德·達爾（Roald Dahl）的同名小說改編。由梅爾·斯圖爾特（Mel Stuart）導演，華納兄弟 1971 年出品。

樣想的人實在是錯得離譜。

　　而且，耶穌已經恩慈地向我們表明，誰是真正屬他的人。在前面的經文中，耶穌斥責一些人，叫他們離開他，他在上一段經文中解釋說，「憑着他們的果子，就可以認出他們來。」

　　（太7:20）隨後，耶穌又舉例說，聽見他的話「就去行的」，就好比聰明人把房子蓋在磐石上。與此同時，聽見他的話「不去行的」，則好比無知之人把房子蓋在沙土上。（太7:24-27）這裏沒有任何惡意隱瞞的條款。很簡單，耶穌在尋找「遵行我天父旨意的人。」（太7:21）

省察自己！

　　耶穌諄諄告誡我們可能身陷危險，這足以表明他的慈愛和憐憫。他向我們發出警告，希望我們側耳聆聽。他的話應當像火警一樣在我們的靈魂裏響起。這些警告是為了幫助我們在末日不至自欺。

　　出於同樣的考慮，使徒保羅也勸勉哥林多教會，「你們總要自己省察有信心沒有，也要自己試驗。」（林後13:5）彼得也說過類似的話，「所以弟兄們，應當更加殷勤，使你們所蒙的恩召和揀選堅定不移。你們若行這幾樣，就永不失腳。這樣，必叫你們豐豐富富地得以進入我們主－救主耶穌基督永遠

的國。」（彼後1:10-11）保羅和彼得深愛他們的讀者，因而盼望他們能仔細省察自己，以免為時已晚。

　　這也是我在本書中的心願。我想查考聖經中耶穌的教導，看看我們應根據哪些標準在信仰上**省察自己**。你最好能在地方教會中完成這項工作。由於我們往往難以判斷自己的生活和行為，所以身邊有一群智慧且敢於直言的弟兄姊妹極為重要，他們能幫助我們看見自己的盲點。所以，找一位教會肢體（或者，你可能需要找一間教會！）與你一起踏上信仰的自省之旅吧！不過，在開始前，我們還有一點作業要做。

回應

反思

- 聽完耶穌在《馬太福音》7章21至23節中的警告後，你會不會感到不安？為甚麼？
- 為甚麼單單口頭上說自己是基督徒是不夠的？
- 你可曾察驗過你的人生，思考你是不是真基督徒？如果沒有，原因是甚麼？如果有，你的標準是甚麼？結論如何？

悔改

- 求神赦免你對自己信仰狀況的盲目樂觀。

- 想想你如何才能謙卑,不再時時依靠自我的主觀感覺。

謹記

- 思考《哥林多後書》5章21節:「神使那無罪的,替我們成為罪,好叫我們在他裏面成為神的義。」
- 你永遠不會有足夠的義來取悅神。但值得慶幸的是,當我們藉着信心靠近基督,他完美的義就歸算在我們身上。為這個好消息讚美神!

分享

- 與一位教會領袖或肢體交流,請對方定期為你的屬靈生活誠實回應他的看法。

第二章

如果你沒有重生，那麼你還不是基督徒

如果我想說服你，說你可能不是一名基督徒，我們似乎需要先定義「**基督徒**」這個詞是甚麼意思。按照字義，**基督徒**是「跟隨基督的人」。根據《使徒行傳》第11章，最先被稱為基督徒的是公元一世紀在安提阿跟從耶穌的那一小群人。當時這個稱呼可能帶有諷刺意味，但初期教會的成員卻接受了這個稱呼，並用以自稱。使徒彼得在第一封書信中使用了基督徒這個稱謂，表明他的讀者是真正跟隨主的人。他寫道，「若為作基督徒受苦，卻不要羞恥，倒要因這名歸榮耀給神。」（彼前4:16）

說得具體一些，基督徒指的是這樣一群人：他們聽見福音和耶穌基督的好消息，樂於信靠耶穌，接受他的救恩，並宣告他作他們的主。簡言之，基督徒相信：

第一，我們是罪人，本當承受聖潔之神的定罪，他恨惡一切的罪和邪惡。

第二，神出於憐憫，道成肉身，名為耶穌，他完美地活出
　　　了對神的順服，這本是我們應當活出的樣子。

第三，耶穌在十字架上為我們捨命，承擔我們罪的刑罰，
　　　又作為神所應許的王，從死裏復活，得勝得榮。

第四，任何人悔改相信耶穌，都將罪得赦免，進入神的
　　　家，成為他的子嗣。

　　然而，可悲的是，彼得的書信墨跡未乾，**基督徒**這個詞似
乎已經變了味。新約書信中不乏大量來自使徒的勸誡，警告信
徒要小心假教師和走上歧途的肢體，顯然他們中的許多人依然
自稱為基督徒。

　　今天我們會用基督徒一詞來形容各種各樣與跟隨基督毫
無關係的內容。某家線上零售商在網上大肆宣傳「主內汽車
配件」「主內手提包」和「主內針織軟毛毯」。其實，我很
難理解彼得口中的基督徒和橡膠車坐墊有甚麼關係。但生意
歸生意！

　　我們也常常濫用這個名詞。我們將它用作非猶太教或非穆
斯林信徒的代名詞。又或者，我們稱一些從小在基督徒文化中
長大、長相清純的明星為基督徒，只因他們在教會裏唱過詩。
（想想之前的小甜甜布蘭妮·斯皮爾斯，後來的傑西卡·辛普
森，還有克雷·艾肯。）但是，當他們的短褲越來越短，私生

活越來越不堪入目時，我們開始懷疑他們的信仰。也許他們從來就不是真正的基督徒。也許他們只是來自美國南部。我們有時很難辨別真偽。那麼，成為基督徒到底意味着甚麼呢？

本章定義

為了理解這個問題，我們可以從好幾個方面着手。但為了本章討論的目的，我想將基督徒暫時定義為：**基督徒是白白接受神新生禮物的人。**

我們當然還可以説得更多。我們可以基於不同的神學範疇來下定義，例如收納為兒女（「基督徒是神的兒女」）或稱義（「基督徒是在神面前被稱義的人」）。但我想透過重生的視角來思考這個問題，所以我會談到「重生」或接受「新生」，這兩個短語我將交替使用。在本章中，我將詳細闡述基督徒的定義，並透過五個問題來澄清一些關於成為基督徒的事情。

甚麼是重生？

耶穌在《約翰福音》第3章中首次提到重生。這是我們最好的切入點：

　　有一個法利賽人,名叫尼哥德慕,是猶太人的官。
這人夜裏來見耶穌,說:「拉比,我們知道你是由神
那裏來作師傅的;因為你所行的神蹟,若沒有神同在,
無人能行。」耶穌回答說:「我實實在在地告訴你,人
若不重生,就不能見神的國。」尼哥德慕說:「人已經
老了,如何能重生呢?豈能再進母腹生出來嗎?」耶
穌說,「我實實在在地告訴你,人若不是從水和聖靈
生的,就不能進神的國。從肉身生的,就是肉身;從
靈生的,就是靈。我說,『你們必須重生』,你不要以
為希奇。風隨着意思吹,你聽見風的響聲,卻不曉得
從哪裏來,往哪裏去;凡從聖靈生的,也是如此。」(約
3:1-8)

　　尼哥德慕一定沒預料到這場談話。他看出了耶穌的與眾
不同,耶穌手中似乎有通往神國的鑰匙。但他萬萬想不到會
有這樣的對話!別忘了,尼哥德慕可是以色列人的老師。雖
然他的名望可能不及耶穌,但他確實在宗教精英中占有一席
之地。他前來求教耶穌為他指點迷津,是為了使自己成為一
等一的人才。

　　但耶穌的藥方聽起來像是用炸藥改造廚房。這可不是費
爾醫生(Dr. Phil)的心靈雞湯——「五大訣竅幫助你成為更

好的自己！」不是的，耶穌告訴尼哥德慕要完全重新開始——重生！雖然尼哥德慕虔誠地恪守宗教職責，但他依然需要新生——一個全新的生命。

你可以想像尼哥德慕該有多困惑。他也許為了這次拜訪心情有幾分忐忑。耶穌曾以水變酒，推翻聖殿裏的桌子，並說，「你們拆毀這殿，我三日內要再建立起來。」（約2:19）耶穌不避諱向身邊之人直言深奧難懂的道理。但這次他告訴尼哥德慕，他必須要重生，才能進入神的國。

可憐的尼哥德慕顯然聽糊塗了。他小心翼翼地追問道，「是這樣嗎，耶穌？你知道這是不可能的，對吧？成年人無法再出生一次。這種事情是一次性的。」

於是耶穌向他做出解釋。他說的不是肉體的更新，而是「從靈生」。尼哥德慕需要全新的屬靈生命。他靈裏的舊人要讓位給靈裏的新人，神學家稱之為「重生」（regeneration）。

假如尼哥德慕與耶穌面對面時尚且需要重生，那麼今天的我們顯然更加需要重生，才可以看見耶穌帶來的國度。別忘了我們在本章中對基督徒的定義：基督徒是白白接受神新生禮物的人。這是基督徒與世人的區別：基督徒已經從神那裏領受了新的屬靈生命。

重生為甚麼是必需的？

雖然耶穌清清楚楚地指示尼哥德慕他需要重生，但他並沒有向他解釋原因，為此我們可能也會感到不解。一位受人尊重的宗教領袖居然需要在靈裏進行如此徹底的改造，這簡直駭人聽聞。一個人為甚麼必須要重生呢？

其實耶穌也給尼哥德慕提供了一些線索。當尼哥德慕問這些事怎麼可能實現時，耶穌回答他說，「你是以色列的先生，還不明白這事嗎？」（約3:10）耶穌認為，尼哥德慕應該能夠從舊約聖經中獲取足夠多的信息來理解他所說的話。舊約是尼哥德慕十分熟悉的經文，其中多處提到我們需要徹底的改變，神也應許賜給我們這樣的改變。

尼哥德慕本當意識到兩件事。首先，舊約說所有人的靈魂都岌岌可危。例如：

- 大衛控訴神的仇敵：「因為他們的口中沒有誠實，他們的心裏滿有邪惡，他們的喉嚨是敞開的墳墓，他們用舌頭諂媚人。」（詩5:9）
- 但神的仇敵並不僅限於某類人。每一個曾活過的人都是神的仇敵。大衛這樣形容人類的處境：「耶和華從天上垂看世人，要看有明白的沒有，有尋求神的沒有。他們都偏離正路，一同變為污

穢；並沒有行善的，連一個也沒有。」（詩14:2-
3）

- 神甚至說，他揀選的子民以色列人也是石頭心腸
  （結36:26）。石心沒有功效。石心的人是死的，
  沒有情感，也毫無知覺。

如果你整合所有這些經文，將看見一幅悽慘甚至是絕望的
畫面。人在靈裏不是受傷，而是完全死去。我們不僅不願意討
神的喜悅，而且無法取悅他。尼哥德慕肯定沒有讀過使徒保羅
的書信。但值得注意的是，為了讓我們看清這一點，保羅回顧
了舊約中關於我們毫無指望的屬靈光景的主題：

- 他在一處寫道，「原來體貼肉體的，就是與神為
  仇，因為不服神的律法，也是不能服。而且屬肉
  體的人不能得神的喜歡。」（羅8:7-8）
- 又在另一處說，「你們死在過犯罪惡之中，他叫
  你們活過來。那時，你們在其中行事為人，隨從
  今世的風俗，順服空中掌權者的首領，就是現今
  在悖逆之子心中運行的邪靈。我們從前也都在他
  們中間，放縱肉體的私慾，隨着肉體和心中所喜
  好的去行，本為可怒之子，和別人一樣。」（弗

2:1-3）

解決這類問題靠的不是自我完善，而是推倒重建。

在我買下我現在的房子時，我明白了這兩者的區別。我和妻子在北維吉尼亞房地產旺季時購置了我們的房子。房屋周邊很適合開展事工，而且室內寬敞，可以容納眾多親友。我們甚至有能力（錢剛好夠）買下這套房子，這在當時是很少見的。從各方面來看，這正是理想的居所……除了一點，這房子看起來有點像暴力恐怖片裏的鬼屋。

在接下來的幾年裏，我承擔起了清掃房子的工作。我運走了後院的動物屍體，又拆掉了一些老牆。另一些牆面則用磷酸鈉擦洗，這樣才能去除多年留下的尼古丁痕跡。用不着的門被砌成了牆，地板也都全部被換掉了。但在此期間，我知道我最終還是得清理主臥室的更衣間。

事情是這樣的，這個小房間的櫥槽已經堵塞了多年。隨着時間的推移，外側牆板、隔熱板和石膏隔牆都已經腐爛。一天早上，我們家的狗「傑特」待在後院很無聊，就在牆上挖了一個洞。結果我妻子在更衣間換衣服時，發現狗就在牆洞外瞅着她。

既然事情已經發展到了這一步，我只能咬咬牙把問題解決掉。一個朋友過來幫忙，我們在夏天用了好幾個週末的時間翻

修了更衣間。每個釘子都生鏽了，全都得拔出來。每塊石膏隔牆都發霉了且搖搖欲墜，都得拆除。所有的隔熱板、外側牆板和鑲邊修飾也都被丟進了垃圾箱。當我們做完了這一切，更衣間已經被完全重建了。原來的更衣間沒有留下任何東西，因為老更衣間的任何東西在這個溫馨、無菌的新房子裏一點用處也沒有。

這個更衣間的情況與我們的屬靈狀態有幾分相似。在罪的影響下，我們不是受損，而是完全報廢。我們不是像鬆掉的木板，只要再釘幾個釘子就好了，而是像完全爛透了的更衣間，全部需要更新。尼哥德慕應該讀過舊約中以色列人的歷史，本該知道這一點。

其次，尼哥德慕本該從舊約中知道，神應許他會解決這個可怕的問題。神並非單單指出我們的可憐處境，然後撒手不管。他應許介入其中，拯救我們。正如他藉着先知以西結所説的，「我也要賜給你們一個新心，將新靈放在你們裏面。又從你們的肉體中除掉石心，賜給你們肉心。我必將我的靈放在你們裏面，使你們順從我的律例，謹守遵行我的典章。」（結36:26-27）神要親自將他的靈賜給百姓，使他們活過來。

因此，當耶穌出現，告訴尼哥德慕他需要神的靈為他鑄造全新的生命時，他本該這樣回答：「這正是我們一直在苦苦等

待的！這正是我們需要的！」

如何才能重生？

但尼哥德慕不是這麼想的。他想要的是屬靈上的改良，一種自我完善和自我提升的方法。但耶穌開出的處方比心臟手術更甚，所以尼哥德慕徹底困惑了。你有沒有注意到，耶穌甚至不得不提醒尼哥德慕「不要以為希奇」，彷彿尼哥德慕因吃驚張大了嘴、耶穌得把他的嘴闔上似的。

也許你對尼哥德慕的不解深有同感。尼哥德慕知道他完全不能靠自己「重生」。顯然，耶穌說得很清楚，這是聖靈的工作，聖靈完全照着自己的意願行事，就像風想吹到哪裏就吹到哪裏。既然這樣，尼哥德慕應該怎麼做呢？他如何才能獲得他迫切需要的重生呢？

事態嚴重。尼哥德慕看得很清楚，沒有人能靠自己獲得新生。這絕無可能。但耶穌在他一生的事工中花了很多時間解釋的好消息是，他的到來使得這件絕無可能的事變為了可能。

透過耶穌的生、死和復活，他的百姓將獲得新生。神出於憐憫，將耶穌的工作應用在我們身上，藉着他的靈賜給我們新生命。使徒彼得在《彼得前書》1章3至4節總結了神為我們所做的工作：

願頌讚歸與我們主耶穌基督的父神，他曾照自己
的大憐憫，藉耶穌基督從死裏復活，重生了我們，叫
我們有活潑的盼望，可以得着不能朽壞、不能玷污、
不能衰殘、為你們存留在天上的基業。

重生完全出於神。神做了憐憫的工作。神使我們活着。我
們只是接受他的禮物而已。

重生的結果是甚麼？

當神奇妙地使靈裏的死人重生，效果必定很明顯。在《使
徒行傳》16章14節，我們讀到神在一個名為呂底亞的女人身上
所做的工。路加寫道，「有一個賣紫色布匹的婦人，名叫呂底
亞，是推雅推喇城的人，素來敬拜神。她聽見了，主就開導她
的心，叫她留心聽保羅所講的話。」神在呂底亞心裏動工，所
以她留心聽從保羅所傳講的福音，並以信心回應。這正是重生
的過程。

聖經將重生的結果稱為「歸信」（conversion）。神所賜
的重生禮物必定會對我們的生活產生影響。它改變了我們；它
使我們從一種生活方式轉變為另一種生活方式。聖靈使我們活
過來之後，不會離我們而去；他要賜我們新的信心、愛心和渴

望。聖靈所賜下的新生命必定會改變我們。我們從前戀慕罪,現在卻能憑信心轉向基督。所以,他採取行動,然後我們隨之而動。

這是徹底的改變。這不是只是改變外在的氣息,而是徹底改變你的屬靈狀態。你誓死效忠的對象已經改變。保羅形容說:「若有人在基督裏,他就是新造的人,舊事已過,都變成新的了。一切都是出於神,他藉着基督使我們與他和好,又將勸人與他和好的職分賜給我們。」(林後5:17-18)如果你在基督裏,而且已經重生,那麼你就是一個全新的受造。

不過,我們還是要謹防一些誤解。雖然我們內在的改變可能是即刻的和徹底的,但外在行為態度的改變卻可能是緩慢的。我們在重生後,不能立即擺脫所有深藏於心中的罪。聖經是非常務實的。就連歸信經歷極富突然性和戲劇性的使徒保羅也說,他終生都在與罪爭戰(例如,羅7:15)。

但只要聖靈賜下新生命,我們就必會改變,儘管有時這種改變可能很緩慢。你必須明白這一點。當一個人從黑暗的國度進入到神奇妙的光明(彼前2:9),他的生命必將發生變化。

例如,保羅列出聖靈在信徒情感、行為和態度方面所結出的可見果實:「聖靈所結的果子,就是仁愛、喜樂、和平、忍耐、恩慈、良善、信實、溫柔、節制。這樣的事沒有律法禁止。凡屬基督耶穌的人,是已經把肉體連肉體的邪情私慾同釘

在十字架上了。」(加5:22-24)這樣的果實是聖靈在我們心中恩慈動工的結果。

怎麼知道你有沒有重生?

最後,關鍵的問題出現了——你怎麼知道你有沒有重生呢?畢竟,重生通常並不華麗。重生沒有五光十色的霓虹燈,也不會在你的頭頂形成神聖光環。它不會賦予你超能力或解決複雜三角問題的非凡能力。換言之,我們很難一眼看出誰領受了神重生的禮物。

但這絕不代表你永遠無法判斷自己有沒有重生。相反,你應該尋找果子。在重生的那一刻,也許警報不會立即響起,但你的生命必將發生改變。唯有透過基督徒全新的態度、追求和渴望,神那不可見的作為才能得到彰顯。聖靈使人活着,也必定會在他們的生命中結出果子來。

我要反覆強調一點,我們必須在忠於神的地方教會委身,才能正確地完成這個重要的察驗工作。你需要其他督促你屬靈生命健康成長的基督徒。他們能深入地了解你,幫助你辨別重生的果子。如果你容易沮喪或自責,他們也許能鼓勵你。如果你(像我一樣!)容易自我膨脹,為了你的益處,他們可能也能幫你除掉一點傲氣。

基督徒的五個特徵

重生有甚麼可靠的證據？在下面的章節中，我想來看看聖經中所說的真正歸信的五個特徵。如果你有這些特徵，你就可以充分地相信神已經使你重生了。如果你沒有這些特徵，你就得擔心了。

- **相信真教義。**如果你只是單純地喜歡耶穌，那麼你還不是基督徒。
- **恨惡你生命中的罪。**如果你還喜歡犯罪，那麼你還不是基督徒。
- **持之以恆。**如果你無法持守信仰，那麼你還不是基督徒。
- **愛他人。**如果你對他人不夠關愛，那麼你還不是基督徒。
- **不再貪愛世界。**如果世上的很多東西對你來說比神更寶貴，那麼你還不是基督徒。

神吩咐我們要省察自己有沒有真信心。以上五個特徵是我們判斷自己的一些準則。因此，對自稱為基督徒的人來說，最關鍵的問題是：我生命中有新生的果子嗎？

在末日，其他事一概不重要。如果你沒有重生，斷不能

進神的國。至於你的雙親是不是基督徒，或者你從小是不是在教會裏長大的，這都不是評判標準。正如施洗約翰對法利賽人的勸誡：

> 「你們要結出果子來，與悔改的心相稱。不要自己心裏說：『有亞伯拉罕為我們的祖宗。』我告訴你們：神能從這些石頭中給亞伯拉罕興起子孫來。」（太 3:8-10）

我們可不要像法利賽人那樣狂妄自大。所以，我們要不斷地省察自己生命中的果子。我們應該自我省察，也應該與信任的教會肢體一同省察。你有沒有邀請弟兄姊妹進入到你的生活？

等一下——最後一點！

在我們繼續討論手邊的話題之前，還有最後一件事需要弄清楚。在我們省察自己是否是真基督徒的過程中，務必釐清因果關係。不然，所有都將混亂。

記住，神是我們得救的原因。這點毋庸置疑。你無法靠着好行為或辛勤努力來救自己。記住，按照天性，我們在靈裏都

是死人。我們不能做任何事情來使自己活過來。

看看保羅在《以弗所書》2章4至10節如何描述我們的救恩：

> 然而神既有豐富的憐憫，因他愛我們的大愛，當我們死在過犯中的時候，便叫我們與基督一同活過來（你們得救是本乎恩）。他又叫我們與基督耶穌一同復活，一同坐在天上，要將他極豐富的恩典，就是他在基督耶穌裏向我們所施的恩慈，顯明給後來的世代看。你們得救是本乎恩，也因着信；這並不是出於自己，乃是神所賜的；也不是出於行為，免得有人自誇。我們原是他的工作，在基督耶穌裏造成的，為要叫我們行善，就是神所預備叫我們行的。

你看見了嗎？雖然我們死在罪中，但神卻叫我們活過來。這都是他的恩典——神白白賜下的禮物。其實神特意用這樣的方式來拯救我們，叫我們無法誇口，或將救恩歸功於自己（參見羅3:27）！神賜下救恩。這意味着我們應當期待（預料）有好行為出現在我們生活中，但好行為永遠不是我們得救的原因。

相反，使人重生的神的愛和恩慈才是原因。生命的果

子——和平、愛、信心以及對罪的憎恨與日俱增——是神工作的結果。這是他為我們預備的善工，所以我們可以在世上活出救恩的果效。

換言之，本書的目標不是檢驗我們的行為是否足夠好、足夠賺取神的慈愛和眷顧了。相反，我們的目標是學習如何在我們的生命中尋找神大能做工的證據。好了，讓我們開始吧。

回應

反思

- 你在讀本章之前如何定義「基督徒」？現在你的定義有變化嗎？
- 我們必須要重生這個事實說明了甚麼？
- 你認為混淆重生的原因和結果會有怎樣的危險？

悔改

- 向神承認你是個罪人，完全配受他公義的憤怒。
- 如果你還沒有「重生」，求神現在賜給你新的生命。

謹記

- 思想《馬太福音》11章28至30節：「凡勞苦擔重擔的人可以到我這裏來，我就使你們得安息。我心裏柔和謙

卑,你們當負我的軛,學我的樣式,這樣,你們心裏就
必得享安息。因為我的軛是容易的,我的擔子是輕省
的。」

- 每個人身上都背負着罪疚和羞恥的重擔。但無論我們做
過甚麼,耶穌都邀請我們靠近他。並且他應許所有用信
心靠近他的人必得享安息和安慰。

分享

- 與一位教會領袖或肢體交通,請對方幫你確定你已經重
生的任何證據。

第三章

如果你僅僅只是喜歡耶穌而已，
那麼你還不是基督徒

1966年，約翰・藍儂（John Lennon）以狂妄的口吻戲稱披頭四樂隊「比耶穌更受歡迎」，結果引起軒然大波。很多人對約翰・藍儂的傲慢感到憤慨，但在彼時彼刻，他們真的會感到憤慨嗎？當時，披頭四樂隊正如日中天，他們在全球走紅長達十年之久，這是非常罕見的。

當然，從更長遠的角度來看，約翰・藍儂處於巔峰狀態的時間並不長。僅僅五十年後，他的地位就一落千丈，生活和事業在很大程度上被扔進了懷舊和獵奇的垃圾箱，他的音樂最多只能成為耐克（Nike）廣告的配樂而已。

但與此同時，耶穌卻一年比一年更加深入人心，更不用說人們已經談論他兩千年了。在聖誕節和復活節期間，用耶穌作封面是新聞周刊增加銷量屢試不爽的良方。電影製片人也知道，和耶穌有關的片子票房通常都很好。耶穌的名字是如此熱賣，甚至許多行業也應運而生。以下是我很喜歡的廣告詞：

1. 「耶穌的食譜」——只要14.99美元,你就能知道
   彌賽亞不為人知的秘密飲食。我猜,他吃的東西
   和所有一世紀巴勒斯坦農夫吃的一樣:橄欖、
   魚、無花果、麵包,當然,還有「多滋樂」糖
   果。

2. 穿上鞋底刻有「耶穌愛你!」的人字拖,你就能
   在沙灘上留下動人心弦的信息。畢竟,人們總喜
   歡在沙灘的足跡裏尋找隱秘的信息。

3. 一系列以耶穌為主題的寵物衣,例如狗狗寵物衣
   上寫着「耶穌汪汪」,另一件寫着「耶穌餵我吃
   飽飽」。不瞞你說,我其實不懂這兩個標語的意
   思。

　　耶穌甚至在非基督徒當中更受青睞。很多持守其他信仰
的聖人相當尊重耶穌。藏傳佛教的主要領袖之一十四世達賴喇
嘛稱耶穌為「開悟者」,又尊稱他為上師[1]。印度教領袖聖雄
甘地熱情地讚美耶穌:「基督形象謙和,他是如此耐心、善
良、慈愛,充滿寬赦,他甚至告訴門徒不可以牙還牙、以眼

---

[1] James Beverly, "Comment: Buddhism's guru, part two", 摘自 canadianchristianity.com 網站,http://www.canadianchristianity.com/cgi-bin/ na.c gi?nationalupdates/040415comment.

還眼，而是讓人打另外一邊臉，我以為這是完美人性的光輝典範。」②大科學家阿爾伯特‧愛因斯坦曾對《週六晚郵報》（*The Saturday Evening Post*）說，「雖然我是猶太人，但我依然被拿撒勒人（耶穌）的光輝形象所折服……讀福音書時，所有人都能感受到耶穌的真實存在。他的個性體現在字裏行間。沒有任何神話能展現這樣的生命。」③甚至連《古蘭經》都將耶穌視為先知和真主的使者。

我們應該如何看待耶穌的受歡迎？不難理解，基督徒肯定是**喜歡**耶穌的，一個對耶穌**全無好感**的人基本上不可能是基督徒。但我們能不能說，只要一個人對耶穌有好感，就足以讓這個人成為基督徒呢？如果連佛教徒、印度教徒，甚至無神論者都有可能認為耶穌是一個偉大的人，那麼，顯然事情沒有那麼簡單。

在福音書對耶穌生平的記載中，我們一次次讀到耶穌遇見了喜歡他、尊重他，還有誤解他原意而拍手稱快的人。但耶穌轉身告訴他們，他們不是他的門徒，他們錯過了一些東西。（例如，約3；路9:57-62，18:18-22）

---

② 　Sankar Ghose *,Mahatma Gandhi*（New Delhi: Allied, 1991），37.

③ 　引自 John Farrell 所著的 *The Day Without Yesterday: Lemaître, Einstein, and the Birth of Modern Cosmology*（New York: Avalon, 2005），202.

你得相信才行

如果你只是單單喜歡耶穌，那麼你還不是基督徒。相反，你必須相信他才能成為基督徒。也就是說，你必須對他有信心。

這對你來說相當重要，所以我希望你知道這不是我的原創。你要看看聖經是如何說的。很多經文都說明了信心的必要性，以下是其中的四段。

神愛世人，甚至將他的獨生子賜給他們，叫一切信他的，不致滅亡，反得永生。因為神差他的兒子降世，不是要定世人的罪，乃是要叫世人因他得救。信他的人，不被定罪；不信的人，罪已經定了，因為他不信神獨生子的名……信子的人有永生……（約 3:16-18、36）

眾人問他說：「我們當行甚麼才算做神的工呢？」耶穌回答說：「信神所差來的，這就是做神的工。」（約 6:28-29）

但如今，神的義在律法以外已經顯明出來，有律法和先知為證。就是神的義，因信耶穌基督加給一切相信的人，並沒有分別。因為世人都犯了罪，虧缺了神的榮耀，如今卻蒙神的恩典，因基督耶穌的救贖，就白白地稱義。神設立耶穌作挽回祭，是憑著耶穌的

血，藉着人的信……（羅 3:21-25）

人非有信，就不能得神的喜悅；因為到神面前來的人，**必須信有神**，且信他賞賜那尋求他的人。（來 11:6）

從這些經文中，我們可以清楚地看出，真基督徒必須要有信心。耶穌說信的人有永生。保羅說，耶穌作挽回祭是藉着人的信。《希伯來書》的作者說，信的人能蒙神喜悅。

信心將真正屬神的兒女和僅僅尊重耶穌的人區分開來。如果你不信神的兒子，那麼你還不是基督徒。如果你信，你就是基督徒。當然，這還需要進一步的解釋和澄清，但你能大體上知道聖經的教導了。

聖經中的**信**是甚麼意思？我們平時用「信」來描述各種各樣的事情。例如，我們用它來描述各種宗教體系，所以，穆斯林信徒、基督徒和巴哈伊教徒都可以被稱為「有信仰的人」。我們也可以說我們對某支股票來年的走勢很有信心。當一支棒球隊在第九局將球傳給自己的後援投手時，我們可以說他們對他很有信心。

有時人們在談論信仰時，好像它與清晰的思維或理性的思考是對立的——面對相矛盾的證據時，我們依然表示確信。作為費城老鷹隊的鐵桿球迷，每個賽季我都確信他們能在超級盃

中奪冠,雖然他們從來沒有贏過(一次也沒有!)。

但以上並不是基督徒的信心。基督徒的信心就是耶穌所說的標誌着永生與永死區別的信心,這種信心包含兩個要素:客觀內容和全心信靠。

客觀內容

為了擁有信心,我們必須知道關於我們自己和耶穌的一些事實,我們需要知道他是誰,他為我們做了甚麼。所以,使徒保羅意反問道:「人未曾聽見他,怎能信他呢?」(羅10:14)你無法相信你一無所知的東西。得救的信心必須有一個目標。你不只是相信而已;你還要有相信的**對象**。整本聖經都在教導我們應當相信的基本真理。保羅說我們得救是「因信真道」(帖後2:13)。如果人們想要成為真基督徒,有些教義是他們必須聽見、必須明白、必須確信的。

一、你是個罪人

你必須相信的第一個真理是,你是個罪人。耶穌只接納知罪的人。想要明白這一點,我們可以看看耶穌是如何對待靠近他的人的。他一般有兩種回應方式。有些人他會熱情而溫柔地歡迎,而另一些人他則會把他們打發走,甚至使用嚴厲的話語。是甚麼造成了這兩者之間的差異?

　　我們可以想想在《路加福音》5章中，耶穌呼召一個名為利未的稅吏來跟隨他。利未喜形於色，在家中擺設盛大的筵席，以便耶穌能夠見到他所有的稅吏朋友。這對你我而言也許算不上甚麼大事，但在當時，這些人是遭人唾棄的。稅吏是罪人中的罪人。他們助紂為虐，為侵占以色列的羅馬政府搜刮錢財，所以在以色列人眼中，他們是叛國叛民之徒。他們為了肥己，用苛捐雜稅剝削百姓，所以他們是小偷和強盜。他們為了致富，還不惜犧牲鄰舍和國家的利益。當時人們對待稅吏的態度，就跟今天對待那些猥褻兒童的色情狂一樣。

　　看見耶穌「恬不知恥」地呼召利未，法利賽人和文士就向耶穌的門徒抱怨道：「你們為甚麼和稅吏並罪人一同吃喝呢？」（路5:30）這是一個很合理的問題。法利賽人是當時的宗教領袖，他們品德高尚、恪守倫理。他們很自然地為耶穌參加匪徒之流的筵席而感到憤憤不平。但耶穌向他們解釋道：「無病的人用不着醫生，有病的人才用得着。我來本不是召義人悔改，乃是召罪人悔改。」（路5:31-32）

　　此言非比尋常，不是嗎？在另一處，耶穌說他來是尋找和拯救失喪的人（路19:10）。這句話也很不尋常。我們往往以為神喜悅好人，厭棄壞人。但在這裏，耶穌說，他來是為了知罪的人，他們有病，需要醫生。

　　要成為基督徒，你就必須認識到你是一個需要赦免的罪

人。我們必須在靈裏謙卑（太5:3），聽從耶穌的呼召悔改。地上的每一個男女老少都應當像稅吏一樣呼求：「神啊，開恩可憐我這個罪人！」（路18:13）

耶穌說他來是為罪人和有病的人，這句話既是安慰，也是警告。一方面，耶穌應許，他必定接納和醫治任何向他誠心悔改的人。這對你我這樣的罪人來說是個好消息。另一方面，耶穌也承諾，他拒絕任何沒有意識到自己罪惡深重的人來到他的面前。那些自認為靈裏健康的人無法得到這位大醫生的醫治。

二、耶穌既是完全的神，也是完全的人

除了相信關乎你自己的真理——你是需要赦免的罪人——成為基督徒還意味着，你需要相信幾點關乎耶穌的真理。首先，你必須相信他既是完全的神，也是完全的人。

我們先談談耶穌是完全的神。使徒保羅在《羅馬書》第10章中說，「你若口裏認耶穌為主，心裏信神叫他從死裏復活，就必得救。因為人心裏相信，就可以稱義；口裏承認，就可以得救。」（羅10:9-10）你必須口裏承認耶穌是主才能得救。在這裏，保羅強調的重點不是承認的形式（口裏），而是內容（耶穌是主）。我們必須承認、相信並宣稱耶穌是主。

我將在隨後繼續討論耶穌是主的問題。但在這裏，我想說，「耶穌是主」這句告白包含了耶穌的神性——他本質為神。想想多疑的多馬跪拜在復活的主面前時說，「我的主，

我的神。」（約20:28）一旦門徒意識到耶穌是神，「主」這個稱謂就飽含着耶穌是神的深意。保羅為了表達耶穌在他心目中就是神自己，也稱耶穌為主。新約學者赫塔多（Larry Hurtado）認為，「在聖經中，『呼求主名』往往等同於敬拜**耶和華**。」[4]因此，這位使徒常常將舊約中有關神的經文直接用在主耶穌身上。[5]耶穌的神性是基督教的一項基本教義，因為唯有一位無限且無罪者才能替我們的罪承擔永遠的懲罰。如果耶穌不是神，他就無法拯救我們。

　　但同時我們也必須相信，耶穌是完全的人。在早期教會，一些人感到相信耶穌的神性並不困難，但他們很難相信耶穌是完全的人。他們相信神化為耶穌基督來到他們當中。但他們難以想像神能完全成為肉身，像人一樣生活，又像人一樣受苦並受死。這實在太過分了。至高的神怎麼可能如此降卑？

　　為了解釋這個問題，使徒約翰清楚地告訴教會：「凡靈認耶穌基督是成了肉身來的，就是出於神的，從此你們可以認出神的靈來；凡靈不認耶穌，就不是出於神，這是那敵基督者的靈。你們從前聽見他要來，現在已經在世上了。」（約壹4:2-3）正如惟有耶穌是完全的神才能救我們一樣，也惟有他是完

---

[4]　引自史瑞納《新約神學》（Thomas Schreiner, *New Testament Theology: Magnifying God in Christ*），此處為英文直譯。

[5]　例如，羅 11:26；林前 1:31；林後 3:16。

全的人才能救我們。惟有一個人才能替代另一個人受罰。惟有人類中的一員才能除去始祖亞當帶給人的咒詛(羅5:12-21)。惟有身為人,他才能知悉人一切的軟弱,因而才能作我們憐憫慈悲的大祭司(來4:14-16)。

因此,基督徒同時承認耶穌的神性和人性。如果否認這兩項內容,那麼這將是新約作者無法想像的事。

三、神人耶穌藉着他的死拯救我們

成為基督徒意味着我們相信耶穌是誰,但此外我們也必須相信他降世所做的工。你必須相信耶穌是神人,而且這位神人藉着在十字架上死而復活的大能,尋找拯救失喪的人。這是基督教的核心教義。我們先來看十字架。

在十字架上,耶穌替我們的罪承擔了死亡的咒詛(加3:13)。在十字架上,耶穌承擔了神對我們罪的震怒(羅3:24-25)。在十字架上,耶穌替我們的罪承受責罰,因此我們不再被定罪(林後5:21;羅8:1)。

我們讀使徒在《使徒行傳》中的講道會發現,他們把基督被釘十字架視為基督教的核心信息(例如,徒2:23,3:15,4:10,26:22-23)。基督的死是如此關鍵,以至於保羅甚至將整個基督教的信息稱為「十字架的道理。」(林前1:18)因為耶穌的受死是真實的,所以基督真正的跟隨者必須相信耶穌的死足以將他們從罪惡過犯中拯救出來。我們必須能和使徒保羅

一起說，「我如今在肉身中活着，是因信神的兒子而活，**他是愛我，為我捨己。**」（加2:20）

已故的神學家利昂·莫理斯（Leon Morris）曾這樣寫道：「直白一點說，如果基督不做我的替代者，那麼我現在的身分依然是被定罪之人。如果他沒有替我承擔我的罪孽和過犯，那麼這些罪顯然還留在我身上。如果他沒有處理我的罪，那麼我就必須面對罪的後果。如果他沒有替我受罰，那麼我依然無法逃脫刑罰。」[6]每個跟隨基督的人都必須確信，基督替罪人捨命。

四、耶穌的身體從死裏復活

基督的復活似乎不像他的受難那樣受人關注。有些基督徒錯把復活看成轉悲為喜的圓滿結局。但毫無疑問，復活也是基督徒必須相信的關鍵內容。要記住保羅的話：「你若口裏認耶穌為主，心裏信神叫他從死裏復活，就必得救。」（羅10:9）基督的復活對我們的得救至關重要。保羅也說過，「若基督沒有復活，我們所傳的便是枉然，你們所信的也是枉然。」（林前15:14）

基督的復活為何是必要的？我的好友山姆·奧伯利（Sam

---

[6]　Leon Morris, *The Cross in the New Testament* （Grand Rapids, MI: Eerdmans, 1965）, 410.

Allberry）將基督的復活形容為神簽收了基督的工作與救恩。[7]
你可以把這想像成聯邦快遞的快遞員上門送貨，請你簽收的情
形。簽字表示你樂意接收包裹，你對這筆交易很滿意，交易圓
滿完成。同理，神對基督的受難和捨命很滿意，因而叫他從死
裏復活（參見彼得在《使徒行傳》2章22至36節中的論述）。
基督的復活證實了他正是他所說的那一位，他做成了救贖之
工。如果耶穌沒有復活，那麼他仍將躺臥在墳墓裏，無法幫
助、拯救我們或替我們代禱。

　　基督的復活應當被放在首位，這是基督拯救他子民的關
鍵。正如保羅所說，「我當日所領受又傳給你們的，第一，就
是基督照聖經所說，為我們的罪死了，而且埋葬了，又照聖經
所說，第三天復活了。」（林前15:3-4）如果你心裏相信神叫
耶穌從死裏復活，你就必得救。

五、耶穌是主

　　要成為基督徒，你還需要相信一點。你必須相信他是唯一
掌權的主。你必須相信他是主，因為他是創造天地的神，這固
然沒有錯，但更關鍵的是，你還必須相信他是你個人的主。換
言之，他對你擁有絕對的主權，因為他將你買贖回來，成為了

---

[7]　Sam Allberry, *Lifted: Experiencing the Resurrection Life*（Nottingham:
InterVarsity Press, 2010）, 20.

屬他的人。

耶穌在受難和復活後，宣稱「天上地下所有的權柄都賜給我了」（太28:18）。神子完全地順服天父，所以父「叫萬物都服在他的腳下」（林前15:27）。父高舉神子（來1:8-9）。彼得說，被人釘在十字架上的那一位，是主、是基督（徒2:36）。

使徒保羅用傳神之筆完整地概括出了耶穌的神性、人性、受難、復活和主權：

> 既有人的樣子，就自己謙卑，存心順服，以至於死，且死在十字架上。所以神將他升為至高，又賜給他那超乎萬名之上的名，叫一切在天上的、地下的和地底下的，因耶穌的名無不屈膝，無不口稱耶穌基督為主，使榮耀歸與父神。（腓 2:8-11）

稱耶穌為主意味着你承認耶穌對你擁有完全的主權，他配得你絕對的服從。如果我們稱他「主啊，主啊」，就必須樂於遵從他的話（路6:46）。他是教會的頭（弗5:22-24），將來還要再來，那時萬民都要稱他為主。

現在你需要思考，以上五點內容對你來說是否都真實。如果你不相信這些內容，那麼聖經寫得很明白，你還不是真基督

徒。正如一位作者所言，「否認基督教核心教義的人不可能得救，無論他們看起來有多好，行為有多高尚。單單做得好是不夠的。我們必須知道並相信一些關乎救恩的基本事實，才能得救。」[8]

如果有懷疑怎麼辦？

這是否意味着真基督徒的信心從來不動搖呢？不是的，我不是這個意思。假如你有時感到難以相信，你是否應該認為自己不是基督徒呢？答案依然是：不是的。真信徒會不會經歷疑惑？當然，很多人都有過懷疑，也經歷過不信。

- 亞伯拉罕相信主的應許，在晚年他將有個兒子（創15:6），但後來他陷入了懷疑（創17:17）。
- 基甸被描述為信心偉人（來11:32），但當神向他應許要藉着他拯救以色列人脫離敵手時，他不是要求一個神蹟，而是在連續確認兩個神蹟後才相信神。
- 施洗約翰知道耶穌是神的彌賽亞（約1:29），但當

---

[8]　Michael Wittmer, *Don't Stop Believing: Why Living Life Jesus Is Not Enough*, Kindle edition（Grand Rapids, MI: Zondervan, 2008）, 44.

他身在監牢，而耶穌似乎在反抗政權和解放人民
的事上並沒有太大的作為時，他開始質疑自己之
前的判斷（路7:19-20）。

- 彼得在水上行走，直到風越發強勁。懼怕將他的
信心吞噬，彼得不再相信耶穌有保護他在水面上
行走的能力（太14:28-31）。

我們甚至在聖經之外也看到過類似的例子，奧古斯丁、馬
丁·路德、威廉·古柏（William Cowper）和其他成千上萬的
聖徒在不同的時期都經歷過不同程度的懷疑和懼怕。如果我們
是誠實的，我們就會承認，有時當所有事實似乎都與神的話語
完全相反時，我們就會感到心力交瘁、力不能勝。

正是在這樣的時刻，我們迫切需要與地方教會的弟兄姊妹
保持密切的聯繫。當我們的視線暫時模糊不清時，我們需要眼
明心亮的肢體幫助我們勝過懷疑。當面對這一類的掙扎時，基
督徒並不只是將教義丟棄在一邊。相反，我們會在信靠神話語
和智慧的事上彼此勸勉，像那個衝着耶穌大聲呼求的男子一樣
說，「我信！但我信不足。」（可9:24）

懷疑是真基督徒共同的經歷。雖然如此，但為了符合聖
經的教導，我們仍然要說，有一套客觀的教義是真基督徒必須
相信的。這正是區分我們與其他信仰、自創信仰或毫無信仰者

的關鍵，他們當中的一些人甚至可能尊稱耶穌為先知和偉大的教師。很多人喜歡聆聽基督的登山寶訓。但更為重要的是，他們是否相信這位教導這些原則的耶穌，實際上就是道成肉身的神，他後來為他百姓的罪死在十字架上，並從死裏復活，成為他們的主。

全心信靠

在本章中，我用了大量篇幅來闡述真基督徒必須相信某些命題的事實真理。但我也必須聲明，聖經中的信心不僅僅意味着頭腦中相信一套真理命題。聖經中的信心是對一個人全心的、個人性的信靠。

兩者的區別不言自明。知識上的認同就像是你看見一個人從你身旁經過，而你向他微微點頭，隨後繼續走在從前那條「快樂」的老路上。然而，全心的、個人的信靠則意味着改變你原有的前進方向。你信靠、深愛的人正在邀請你來跟隨他，你欣然應允。全心的信靠必定產生甘心順服。

《雅各書》鮮明地描述了其中的差別。雅各寫道，「你信神只有一位，你信的不錯；鬼魔也信，卻是戰驚。」（雅2:19）甚至魔鬼也有神學家所謂的「知識的信心」（historical faith，或譯：歷史的信心）。他們知道耶穌是神子（且要前來

消滅魔鬼；參見可1:24；路4:41）。但他們憎恨這些事實。他們反對這些，並盡其所能地破壞這既成的事實。但擁有真信心的人卻能將信心化為行動（雅2:22-23）。

顯然，並不只是魔鬼才有這種信仰上的缺陷。人也一樣。在《約翰福音》中，約翰提到一群人在目睹了耶穌的神蹟後，就信了他的名。但他隨後告訴我們，「耶穌卻不將自己交託他們，因為他知道萬人；也用不着誰見證人怎樣，因他知道人心裏所存的。」（約2:24-25）這群人已經見識了耶穌的大能，這足以讓他們知道他是從神那裏差來的（參見尼哥德慕在《約翰福音》3章2節後面幾節經文中的表述）。但他們缺少對耶穌徹底的委身和信靠。耶穌知道他們內心的真實狀態，所以不相信他們。

如果你只是單單喜歡耶穌，那麼你還不是基督徒。你必須「信」他，就像《約翰福音》3章16節所説的。單單相信關乎耶穌的事是不夠的。你必須相信你需要一位救贖主，而他就是那位救贖主。你必須相信你需要一位主，而他就是那位主。

我們絕不能只將信心建立在過去所發生的事之上，而應當建立在完成這些事的那個人身上。當我們用信靠的心來到耶穌面前，迫切地尋求他的赦免和醫治時，我們將發現他樂於幫助我們，並且能夠幫助我們。

回應

反思

- 如果有人說,真正的基督教不是要求我們相信一套宗教教義,而是呼籲我們像耶穌那樣溫柔、慈愛和慷慨,你對此會如何回應?
- 你認為本章中提及的五點教義都是歷史真理嗎?如果你不以為然,你認為這說明你是否是真基督徒呢?
- 你是否感到難以相信耶穌所應許的救恩和赦罪?你相信過哪些「假神」?
- 耶穌在《約翰福音》6章40節中說:「因為我父的意思是叫一切見子而信的人得永生,並且在末日我要叫他復活。」你認為「見子而信」是甚麼意思?

悔改

- 求神赦免你的不信和拜偶像的罪。
- 思想一個有效的具體措施,以增強你的信心和對耶穌的信靠。

謹記

- 思考《約翰一書》1章9節:「我們若認自己的罪,神是信實的,是公義的,必要赦免我們的罪,洗淨我們

一切的不義。」

- 無論你如何努力，都不足以賺得神的青睞。好在耶穌已經替我們做完了一切。感謝神，他是信實的，不論我們以前做過甚麼，他都願意恩慈地赦免一切因信基督前來就近他的人。

分享

- 找一位教會領袖或肢體交通，請對方幫助你增進你對耶穌的認識和信靠。

第四章

如果你還喜歡犯罪，那麼你還不是基督徒

雷吉·懷特（Reggie White）曾代表田納西大學出戰美國大學足球賽。當時他是校園賽次、賽季和個人職業生涯中擒抱四分衛最多的選手。如今已經過去將近30年，但依然沒有人能打破他的紀錄。他為現已解散的美式足球聯盟（USFL）打過兩個賽季，隨後在1985年加入了我喜歡的費城老鷹隊。在接下來的八年裏，懷特總共擒抱四分衛124次，每賽次擒抱超過一次，同時還在職業球隊創下了各種紀錄。他是費城老鷹隊歷史上最偉大的球星，也是我最喜歡的球員。

但是，連他也背叛了我。

好吧，我這麼說也許有點過分。1993年，國家美式足球聯盟（NFL）允許懷特成為自由球員，他可以隨意與任何自己喜歡的球隊簽約。兩千多名費城球迷蜂擁至費城中心的甘迺迪廣場，試圖向老鷹隊的老闆施壓，要求他們重新簽下這位前鋒球星。但最終老鷹隊也沒有向懷特發出邀約，而懷特最終以巨額酬勞與綠灣包裝工隊簽訂了合約。

　　局外人（我顯然不算）可能認為懷特做出了明智的決定。他賺到了很多錢，還為綠灣包裝工隊贏得了「超級盃」的冠軍。假如他仍留在費城老鷹隊，這兩件事無論如何都不可能發生。

　　話雖這麼說，但當懷特第一次以綠灣包裝工隊隊員的身分出現在電視上時，我還是感到非常難過。他本來應該為費城老鷹隊效力的。他曾身披銀綠相間的球衣經歷過那麼多次的戰鬥。老鷹隊的球迷又曾在多少個週日將希望寄託在他身上。可現在他穿着刺眼的金色球衣，一群嚼着奶酪的包裝工隊球迷正在為他打氣，仿佛他是**他們**中的一員。目睹這一幕有如聽見指甲劃黑板一般讓人煩躁；我氣沖沖地把電視關掉了。

　　過了將近二十年，我的傷痛才終於被撫平。事實上，當我坐在這裏寫稿時，我正穿着一件老鷹隊的92號T恤，背後印有「WHITE」（懷特）字樣。或許時間真能治癒一切吧。

　　這些和你是不是真基督徒有甚麼關係呢？是這樣的，我認為「你穿甚麼球衣」的問題能幫助我們思考一個自稱是基督徒的人生活中的罪。稱自己是基督徒就意味着你已經轉隊。而換上新球衣，就意味着向所有人宣告你現在有了新的效忠對象。但如果一個球員更換球衣後，仍在為以前的老東家效力，你會怎麼看他呢？身為基督徒，我們一旦犯罪，就好比是這樣的人。雖然我們穿着新球衣，但我們仍在為老東家效力。對一個

自稱是基督徒的人來說，犯罪是一種怪異的背叛。它是站在撒但一邊反叛上帝，儘管你口頭上說你是站在上帝這一邊。

　　但不要誤解，所有的基督徒都在與罪爭戰。但聖經也明確地告訴我們，如果你對罪毫不在意，並且樂在其中，那麼你就得好好地想想你自己的身分了。別管你自認穿着哪一隊的球衣，先說說你到底在為誰效力。如果你主要在為對方效力，或許你其實屬於對方陣營。換一種方式說：如果你喜歡犯罪，那麼你還不是基督徒。這正是本章要討論的內容。

撒但之子與救贖之子

　　對此，《約翰壹書》第3章說得很清楚。不過使徒在這裏沒有使用球隊的比喻，而是將其比作一個家庭。他說，有些人是神的孩子。神是他們的父親，他們被納入神的家。另一些人是魔鬼的兒女。他們屬於撒但、是牠的爪牙。有一種方法可以幫助我們確定我們屬於哪個家庭，那就是察驗我們生命中的罪。用一分鐘時間慢慢閱讀以下經文：

　　　　你看父賜給我們是何等的慈愛，使我們得稱為**神
　　的兒女**；我們也真是他的兒女。世人所以不認識我們，
　　是因未曾認識他。親愛的弟兄啊，**我們現在是神的兒**

女，將來如何，還未顯明；但我們知道，主若顯現，我們必要像他，因為必得見他的真體。凡向他有這指望的，就潔淨自己，像他潔淨一樣。

凡犯罪的，就是違背律法；違背律法，就是罪。你們知道主曾顯現，是要除掉人的罪，在他並沒有罪。凡住在他裏面的，就不犯罪；凡犯罪的，是未曾看見他，也未曾認識他。小子們哪，不要被人誘惑。行義的才是義人，正如主是義的一樣。犯罪的是屬魔鬼，因為魔鬼從起初就犯罪。神的兒子顯現出來，為要除滅魔鬼的作為。**凡從神生的**，就不犯罪，因神的道存在他心裏，他也不能犯罪，因為他是**由神生的**。從此就顯出誰是**神的兒女**，誰是**魔鬼的兒女**。凡不行義的就不屬神。（約壹 3:1-10a）

犯罪是魔鬼的專長。牠是神的仇敵，約翰說牠「從起初就犯罪。」自從伊甸園開始，撒但就忙於在神創造的世界裏散播罪惡。牠誘騙亞當和夏娃反抗神的權威。他們的罪也波及到了下一代，該隱謀殺了親兄弟亞伯。到了《創世記》第6章，我們讀到「耶和華見人在地上罪惡很大，終日所思想的盡都是惡。」（創6:5）在《創世記》短短的幾章裏，我們就經歷了跌宕起伏的旅程，從一個讓上帝高興的受造物到一個上帝想要毀

滅的受造物。（創1:31，6:7）。這是撒但工作的惡果。牠從起初就犯罪，今天仍舊在犯罪。

耶穌降臨是神對撒但的沉重一擊。我們剛剛讀到，「神的兒子顯現出來，」「為要除滅魔鬼的作為。」（約壹3:8）或說，「主曾顯現，是要除掉人的罪。」（約壹3:5）而且聖經告訴我們，主已經做成了這件事。透過耶穌替我們而死，他除去了我們的罪。他本身沒有罪（約一3:5），所以能將屬神百姓的罪歸算到自己身上，替他們徹底償付贖價。如今耶穌已經替我們受罰，所以在他裏面的人將永不定罪（羅8:1）。撒但再也不能在神面前控訴我們，因為我們一切的罪都已經被洗淨了（約一1:7；啟12:10）。

既然神已除去我們的罪，我們就不再是魔鬼的兒女了。我們如今獲得了新的身分，也進入了新的家庭。所以約翰提醒我們要讚嘆神的慈愛：「你看父賜給我們是何等的慈愛，使我們得稱為神的兒女；我們也真是他的兒女。」（約一3:1）我們不再屬於撒但，而是屬神的了。我們不再受困於黑暗的國度，而是蒙召進入他奇妙的光明（彼前2:9；西1:13-14）。我們不再處於撒但的權下，而是在神的權下了（徒26:17-18）。我們曾是可怒之子，如今卻成了神的兒女（弗2:3）。成為基督徒意味着我們的身分徹底改變。

身分決定言行舉止

好了，別遮遮掩掩了。你並沒有仔細閱讀剛才的內容，你只是粗略地讀了一遍，沒錯吧？沒關係，你只管說實話，這裏就只有你和我而已（其實我也沒在你面前，對吧）。得了，我喜歡你這個樣子，下面讓我來幫幫你。讓我將你需要知道的真理簡單地總結一下。聖經告訴我們只有兩種人：撒但的奴僕和神的奴僕。只有兩種球衣。罪在你生命中所扮演的角色將決定你穿的是甚麼球衣。

犯罪是撒但兒女的特徵

我們聽見約翰說，「犯罪的是屬魔鬼。」（約壹3:8）罪是魔鬼兒女特有的標誌。就像奶牛身上的烙印一樣，它是所有權的標誌。約翰甚至換用不同的表達再次提醒我們，「從此就顯出誰是神的兒女，誰是魔鬼的兒女。凡不行義的就不屬神，不愛弟兄的也是如此。」（約一3:10）魔鬼的兒女會犯罪，因為這正是他們的父魔鬼的工作。有其父必有其子，這是永不更改的事實。我們在跟隨基督以前，都是罪的奴僕。我們不得不犯罪，因為罪是我們固有的天性。[1]

---

[1] 這不是說非基督徒都是十足的惡棍，在基督之外，我們除了行惡，甚麼也不會做。相反，我們在基督面前的困境是，罪（自私、驕傲、貪婪等等）是一種驅動和控制的力量。我們沒有能力抵擋罪。若沒有基督，罪就是人類生活的運作原則。

約翰在福音書中提到了耶穌的一段話，這段話教導了同樣的事情。耶穌向一群人闡述：「你們是出於你們的父魔鬼，你們父的私慾，你們偏要行。他從起初是殺人的，不守真理，因他心裏沒有真理。他說謊是出於自己，因他本來是說謊的，也是說謊之人的父。」（約8:44）這群人選擇犯罪，是因為他們想照着他們父的意願行事。

罪在神的兒女身上失去了權勢

基督徒則剛好相反。當我們從撒但的家進入神的家後，我們與罪的關係就改變了。以前，我們被罪的慾望所驅使和控制。如今，我們靠着聖靈而活。罪不能再像從前那樣慫恿、蠱惑我們了。它已經失去了權勢。

保羅在寫給羅馬教會的信中說，因為基督的死，罪失去了權勢。他寫道，「因為知道我們的舊人和他同釘十字架，使罪身滅絕，叫我們不再作罪的奴僕。」（羅6:6）我們的舊人已經與基督同釘十字架。作罪奴僕的舊人已經死了。

取而代之的是一個新人，一個向罪死、向神活的新人。保羅繼續寫道：

> 這樣，你們向罪也當看自己是死的；向神在基督耶穌裏，卻當看自己是活的。所以，不要容罪在你們必死的身上作王，使你們順從身子的私慾。也不要將

你們的肢體獻給罪作不義的器皿；倒要像從死裏復活

的人，將自己獻給神，並將肢體作義的器皿獻給神。

罪必不能作你們的主，因你們不在律法之下，乃在恩

典之下。（羅 6:11-14）

罪與基督徒的新身分格格不入。請記住，一個基督徒已經變轉換新的東家。所以當保羅勸誡基督徒切莫再犯罪時，他不是在叫他們「裝假」。恰恰相反，他只是在說「為真正將你列入名單的球隊效力！」保羅希望基督徒每天**活出**他們在基督裏的**身分**。所以使徒詰問道，「我們在罪上死了的人豈可仍在罪中活着呢？」（羅6:2）

新的順服

基督徒有一個新的控制原則。罪不再能轄制我們。史瑞納（Thomas Schreiner）稱之為「新的順服」（a new obedience）[2]。基督徒不是靠着這樣的順服得救或稱義，但他們的得救必然會表現為實際的行為——新的順服。

這種新的順服看起來是怎樣的呢？從積極層面來説，這就像碩果初顯；從消極層面來説，這看起來像是棄絕舊有的罪。

---

[2]　史瑞納《新約神學》英文版，551 頁，此處為英文直譯。

保羅同時結合這兩個層面，將其形容為「聖靈所結的果子，就是仁愛、喜樂、和平、忍耐、恩慈、良善、信實、溫柔、節制。這樣的事，沒有律法禁止。凡屬基督耶穌的人，是已經把肉體連肉體的邪情私慾同釘在十字架上了。」（加5:22-24）請注意保羅在末尾的表述是多麼地直白。屬基督的人**已經把肉體釘在十字架上了**。他們已經釘死了自己的肉體，或者至少可以說，他們正在釘死自己的肉體。與此同時，聖靈正在結出新的果子，諸如仁愛、和平、忍耐等。

　　真信心能**改變人**。你必須知道這一點。基督顯現是為了除去罪，他來是為要除滅那惡者的作為。因此，沒有人可以一邊作基督徒，一邊卻沉醉於基督憎恨和要來除滅的事。身為神的兒女，你不可能繼續擁抱討魔鬼歡心的罪。

　　所以聖經常常向樂於犯罪、安於犯罪的人發出警告。聽聽這些警告：

> 　　你們豈不知不義的人不能承受神的國嗎？**不要自欺**，無論是淫亂的、拜偶像的、姦淫的、作孿童的、親男色的、偷竊的、貪婪的、醉酒的、辱罵的、勒索的，都不能承受神的國。（林前 6:9-10）
>
> 　　情慾的事都是顯而易見的，就如姦淫、污穢、邪盪、拜偶像、邪術、仇恨、爭競、忌恨、惱怒、結黨、

> 紛爭、異端、嫉妒、醉酒、荒宴等類,**我從前告訴你們,現在又告訴你們**,行這樣事的人必不能承受神的國。(加 5:19-21)

> 因為你們確實地知道,無論是淫亂的,是污穢的,是有貪心的,在基督和神的國裏都是無份的。有貪心的,就與拜偶像的一樣。**不要被人虛浮的話欺哄**,因這些事,神的忿怒必臨到那悖逆之子。(弗 5:5-6)

你有沒有注意到,這些經文都在極力提醒我們不要忽視其中的警告?保羅相當了解我們。他擔心我們受騙,或者被他人說服,或者忘記他的訓誡。我們的內心常常想找藉口,假裝這一切都不是真的。因此,這些經文向我們發出了紅色警戒:「不要走這條路!」犯罪與基督徒的新身分是不相稱的。罪人不能承受神的國。

約翰總結出了一個測試方法,看我們是否具備新的順服。你可以用約翰的話自我檢驗,或與朋友一起互相檢驗,在教會或在家中做都可以。下面是約翰的測試:

> 人若說「我認識他」,卻不遵守他的誡命,便是說謊話的,真理也而不在他心裏了。凡遵守主道的,愛神的心在他裏面實在是完全的。從此我們知道我們

是在主裏面。人若說他住在主裏面，就該自己照主所行的去行。（約一 2:4-6）

這個測試適合任何說「我認識他」的人。你是這樣的人嗎？測試內容簡單明瞭，只有一個問題：你能遵守基督的話語，並照他所行的去行嗎？如果不能，你需要回頭看看保羅上述的警告。這些警告正是說給你聽的。

這樣啊……但不是人人都會犯罪嗎？

既然基督呼召我們活出新的順服，一個顯而易見的問題就來了：既然人人都在犯罪，那麼誰還能成為基督徒呢？任何稍有自我意識的人都會承認他們總在犯罪。基督徒總是在和各種各樣的罪爭戰。我此刻就可以很容易地想起我曾在甚麼時候有過暴躁、自私、懶惰、驕傲和貪婪的罪，而這些罪僅僅發生在四個小時之前③。

其實聖經從來沒有告訴我們說基督徒的生活可以脫離罪。事實上約翰明確地告訴我們，「我們若說自己無罪，便是自欺，真理不在我們心裏了……我們若說自己沒有犯過罪，便是以神為說謊的，他的道也不在我們心裏了。」（約一1:8-10）

---

③　如果把我剛剛去塔克鐘用餐的時間也算上，大概還得加上貪食。

顯然，有假教師在初期教會吹噓他們自從跟從基督後就再也沒有犯過罪。[4]這些教師自欺欺人，而且間接地指責神自己就是個騙子，因為神說人人都在犯罪。

我們該如何來全面地理解這個問題呢？一方面，聖經說基督徒已經向罪而死，脫離了罪的權勢；他們如今向基督活着，靠着他的聖靈結出順服的善果；罪與我們作為神兒女的新身分不再相符。另一方面，聖經也說，任何宣稱自己從不犯罪的人都是在說謊。聖經的話自相矛盾嗎？這該如何解釋呢？

讓我們再仔細地來看看《約翰一書》第三章的內容。我們讀到過：

- 凡住在他裏面的，就不犯罪（6節）；
- 凡犯罪的，是未曾看見他，也未曾認識他（6節）；
- 犯罪的是屬魔鬼（8節）；
- 凡從神生的，就不犯罪（9節）；
- 他也不能犯罪，因為他是由神生的（9節）；
- 凡不行義的就不屬神（10節）。

我平時一般不太喜歡討論希臘文的動詞時態，但事關重

---

[4] Colin Kruse, *The Letters of John*（Grand Rapids, MI: Eerdmans, 2000），70.

大，我在這裏決定破例一次。以上所有經文的動詞都是現在式：「住在（abides）」「不（斷）犯罪（keeps on）」「（實行）犯罪（makes a practice）」等。這些動詞全部指向一種**持續不斷的行為**。約翰說的不是基督徒一時陷入罪中，而是指一個人的生活軌跡常常充滿了罪。你可以說，他指的是一個人有意地**容讓**罪住在心中，故意地**維持**現狀，而且樂於**實行**。

基督徒的日常行為模式和方向將反映出他們渴望愛耶穌並順服耶穌，而不是撒但。一個基督徒的生活方式不應該充斥着罪。

你如何判斷？

基督徒和非基督徒一樣，每天都在犯罪。兩者都在努力擺脫惡習，克服軟弱和失敗。我也不能説基督徒是世上品行最端正的人。觀察非信徒一天的生活，你可能會發現他們比基督徒更寬厚、更恩慈、更慷慨，也更謙卑。既然如此，我們該如何來判斷一個真基督徒和一個自稱為基督徒的假信徒呢？

耶穌的一個比喻可以回答這個問題：

「一個人有兩個兒子。小兒子對父親説：『父親，請你把我應得的家業分給我。』他父親就把產業分給

他們。過了不多幾日，小兒子就把他一切所有的都收拾起來，往遠方去了。在那裏任意放蕩，浪費資財。既耗盡了一切所有的，又遇着那地方大遭饑荒，就窮苦起來。於是去投靠那地方的一個人，那人打發他到田裏去放豬。他恨不得拿豬所吃的豆莢充飢，也沒有人給他。他醒悟過來，就說：『我父親有多少的僱工，口糧有餘，我倒在這裏餓死嗎？我要起來，到我父親那裏去，向他說：父親，我得罪了天，又得罪了你，從今以後，我不配為你的兒子，把我當成一個僱工吧！』於是起來，往他父親那裏去。相離還遠，他父親看見，就動了慈心，跑去抱着他的頸項，連連與他親嘴。兒子說：『父親，我得罪了天，又得罪了你，從今以後 我不配稱為你的兒子。』父親卻吩咐僕人說：『把那上好的袍子快拿出來給他穿，把戒指戴在他指頭上，把鞋穿在他腳上，把那肥牛犢牽來宰了，我們可以吃喝快樂。因為我這個兒子是死而復活，失而又得的。』他們就快樂起來。」⑤ （路 15:11-24）

當我們思考基督徒該如何回應罪時，這個比喻對我們特別

---

⑤　故事後面還提到大兒子的情形，但和我們討論的主題無關。如果你想知道故事的結局，請閱讀《路加福音》15 章 11 至 32 節。

有幫助。這個年輕人是個罪人。他羞辱自己的父親，過着花天酒地的生活，結果把家裏的錢花光了，陷入了困境。許多基督徒發現自己就是這般處境。但浪子對罪的回應有三個特點，這也是任何一個真基督徒對罪的回應方式。

厭惡

當小兒子清楚地看到自己的罪後，他的人生就徹底轉變了。他意識到自己從前是多麼地愚昧，他的行為舉止是多麼令人反感，和父親家中的喜樂相比，罪中之樂簡直不值一提。用耶穌的話來説，「他醒悟過來」——他的頭腦清醒了。

由於基督徒是向罪死、向神活的人，所以當他犯罪時，他必定感覺不妥，他不可能樂在其中。雖然犯罪可能帶給他一時的快感和享受，但悔恨、失望和羞愧將很快縈繞在他的心頭。如果一個真正跟隨基督的人陷在罪中，他最終一定會經歷一個像浪子在豬圈裏那樣的時刻，他開始恨惡自己的罪。他不是越來越喜歡罪，而是越來越恨惡它。

悔改

當小兒子清醒後，他痛改前非，回到家中。他的悔改是多麼美好！真正的悔改不僅僅是表達憂傷，或承認錯誤，這甚至比承認我們的罪行更重要。悔改包括離棄罪，歸信轉向耶穌，立志順服他。基督徒必須棄絕自身的罪行，全心順服

耶穌。

受責備

　　沒有一個真基督徒最終能在罪中興旺。天父因他極大的慈愛，決不允許任何屬他的孩子安享悖逆。正如浪子在饑寒交迫之際清醒過來，神也會在愛中改變我們的環境，賜下機遇、艱難和管教，以幫助他的兒女悔改、離棄罪。

　　《希伯來書》告訴我們，受神管教證明我們依然是神的兒女：

　　　你們所忍受的，是神管教你們，待你們如同待兒子。焉有兒子不被父親管教的呢？管教原是眾子所共受的，你們若不受管教，就是私子，不是兒子了。再者，我們曾有生身的父管教我們，我們尚且敬重他；何況萬靈的父，我們豈不更當順服他得生嗎？生身的父都是暫隨己意管教我們，惟有萬靈的父管教我們，是要我們得益處，使我們在他的聖潔上有分。凡管教的事，當時不覺得快樂，反覺得愁苦，後來卻為那經練過的人結出平安的果子，就是義。（來12:7-11）

　　神管教他的百姓，因為他太憐愛他的兒女，不願讓他們沉

迷在罪中。

　　我們都是罪人。每個人的惡行都足以使自己永遠留在地獄中。而且，沒有人能在地上活出全然的聖潔。但請務必清楚一點——真基督徒不可能一直犯罪，永不停止。真基督徒必然經歷真正的厭惡、悔改和受責備。

無法精算

　　那麼你到底是真基督徒還是假教師呢？老實說，沒有哪門精確的科學可以回答這個問題。你無法精算出你可以犯多少罪而仍然是一個基督徒，比如每天犯罪10次達到黃牌警戒，20次達到紅牌的標準，等等。成為基督徒也不是說你在犯罪後要透過一套特定的儀式來換取神的赦免，比如讀讀《詩篇》51篇，效法大衛的懺悔禱告，你就潔淨了！

　　相反，這當中涉及許多難以衡量的因素，比如你內心的態度、動機和承諾。這就是為何我們應當加入忠心的地方教會，與其他弟兄姊妹一同活出我們的信仰。我們往往看不清自己的內心。有些人對自己過於寬容，他們自認為已經為罪虔誠悔改了，但實則不然；而另一些人又良心太過脆弱，對自己過於嚴苛，每次的軟弱和失敗都使他們覺得自己是偽君子和假基督徒。

加入地方教會至少在三個方面對這兩種人都有極大的幫助。首先，聆聽講道有助於使我們的價值觀及衡量標準與神的價值觀和衡量標準相一致。當我們明白**神對聖潔的看法**時，我們將不再像過去那樣執迷於**我們自己對公義和邪惡的理解**。我們能透過聆聽神的道明白神所喜悅的是甚麼，所厭惡的是甚麼。

其次，在這個對罪見怪不怪，甚至競相追捧的世界裏，同走天路的弟兄姊妹能鼓舞我們，幫助我們在順服神的道路上繼續前行。第三，如果我們願意向其他基督徒袒露心聲（包括我們的想法、行為和掙扎），弟兄姊妹就有機會進入我們的生活。當我們陷入令人擔憂的罪中時，他們可以向我們發出警告；當我們在爭戰中感到力不能勝時，他們也會鼓勵、安慰我們。他們能夠幫助我們看到自己的盲點。

偉大的救主

本章內容有點像是行在鋼索上。我們必須根據聖經在神的尊貴聖潔和奇異恩典之間保持聖經上的平衡。因此，一方面，我擔心有些人不是真基督徒，他們自欺欺人，不曉得樂在罪中的生活已經使他們從前的信仰告白作廢了。如果你是這樣的人，我希望本章內容能帶給你極大的不安。

另一方面，我也擔心一些真基督徒，他們與罪奮力爭戰，但他們會受到誘惑，認為神是嚴酷的，一旦他們犯錯，神必要揪住他們不放。如果你是這樣的人，請記住耶穌對他子民的慈愛。他的死足以抹去你所有的罪孽，使你成為新人。當你犯罪跌倒時，你當奔向耶穌。正如我們在《希伯來書》中所讀到的：「因我們的大祭司並非不能體恤我們的軟弱，他也曾凡事受過試探，與我們一樣，只是他沒有犯罪。所以我們只管坦然無懼地來到施恩的寶座前，為要得憐恤，蒙恩惠，作隨時的幫助。」（4:15-16）

但這是我們的底線：如果你說你是基督徒，你就已經穿上了基督徒的球衣。但你到底在為哪一邊效力——是你自己這邊還是基督那邊？與你最親近的家人、朋友和教會肢體又會怎麼看呢？

回應

反思

- 我們的信仰身分和我們對罪的態度之間有怎樣的關係？
- 既然神滿有恩慈，又樂於赦免，我們犯罪又有何妨呢？
- 如果一個人聲稱自己是基督徒，卻沒有興趣抵擋罪和追求聖潔，聖經怎麼看這樣的人？

- 在多久之前，你僅僅因為愛神和渴望順服他而做了某事或停止做某事？
- 你在你的生命中經歷過厭惡罪、悔改和受到責備嗎？

悔改

- 求神赦免你的罪，尤其是那些你長期屢犯的罪。想想你可以採用怎樣具體有效的方法來改變自己的行為。

謹記

- 閱讀《約翰福音》3章16節：「神愛世人，甚至將他的獨生子賜給他們，叫一切信他的，不致滅亡，反得永生。」
- 感謝神把永生賜給所有相信他的人。你無法用聖潔的生活來賺取救恩；你唯有轉向基督，相信他為你所作的一切，才能得救。

分享

- 和一位教會領袖或肢體談談你在罪上的掙扎。請對方幫助你成長，並讓你承擔起責任。

第五章

如果你不能忍耐到底，那麼你還不是基督徒

　　我的愛妻凱倫是我見過的最堅強的人。我可以自信地說，你從來沒有見過比她更能堅忍的人。她到底堅強到何種程度？問得好。她可以堅忍到在不打麻藥的情況下（當然是我們主動要求的）剖腹產生下我們的第四個孩子。這種堅忍夠讓人驚訝好一陣子的了。

　　凱倫也熱愛跑步。在我們有孩子之前，她對跑步設定了一些目標，要在承擔起母親的責任之前完成。她曾在某一年的夏天，先在落磯山脈的小道長跑，接著參加高海拔的半馬比賽。當她回到費城的家中後，又開始馬不停蹄地加入了費城馬拉松的賽前特訓。

　　身為她的丈夫，為了表達對她的支持，我決定與她一起訓練來鼓勵她。畢竟有人陪伴，我們總是更容易取勝。但問題來了：我討厭跑步。其實這麼說還不夠準確。其實我討厭連續跑步超過幾分鐘。我喜歡棒球比賽中的那種跑步：跑五秒鐘，然後站五分鐘。但是，為甚麼要純粹為了跑步而跑步呢？而且跑

很久很久，中間都不休息？並且費了半天功夫，最後還得跑回原點？

不過雖然這麼說，但我還是每週四次帶着我們家的狗，陪凱倫沿着福吉谷國家公園的小溪跑到市區。跑了20分鐘，我就開始渾身不舒服；跑了30分鐘，我已經咬牙切齒；跑了40分鐘，我只想蜷縮在路旁；到了45分鐘左右，我已感到生不如死；等到了一小時，我只能打道回府，將大腿泡在冰塊裏了。

大概一個半小時後，凱倫回來了，放下累得半死的狗——它的樣子就和我差不多。又過了一個半小時，她終於回家了，滿頭大汗，卻仍然活力四射，完全不像一個剛剛跑了整整四個小時的人。

我們倆的差別在哪裏？耐力。凱倫有耐力，我卻沒有。當跑道越來越艱難時，我就放棄了。而凱倫卻可以忍受艱辛，一直跑下去。

如果你體魄強健，擁有體能上的耐力，那固然很好。但聖經提到另一種更重要的耐力：靈性的耐力。真基督徒**必須**且**能夠**忍耐到底，直到死亡或基督再來的日子。耶穌這樣告訴我們：「惟有忍耐到底的必然得救。」（太10:22）

有關我太太堅忍不拔的例子，只能先說到這了。靈性的耐力當然要求我們堅忍，但這種耐力也離不開神持續的工作。我們稍後再詳細討論這點。現在，讓我們先從最基本的入手：如

果你不能忍耐到底，那麼你還不是基督徒。

千百萬人流失

　　只要在網路上稍微搜索一下，你就能發現幾十個「前信徒」設立的網站，他們看見了某種「亮光」，於是就放棄了從前的信仰，而且多半心裏還有些憤恨①。當然，大多數人是悄悄離開信仰，而且往往對此過程毫無察覺的。曾經，他們做過禱告，簽過名，也來過教會。他們也曾受洗、加入某間教會，起初一切都光明而美好。他們痛改前非、努力行善，而且每週日都來教會禮拜。但是……就在某天……這一切戛然而止。他們關注的方向變了。這個改變也許來得很突然，也許來得很緩慢，不易察覺。但最終他們離開了。

　　他們為甚麼會發生這樣的變化呢？原因其實有很多。對他們而言，也許一些行為準則看似不切實際，也許一些教義聽起來不夠真實，也許基督教的道路似乎沒有吸引力，也許其他事物看起來更吸引人。最關鍵的是他們不再跟隨基督。他們停止奔跑，收起東西走人了。他們沒有舉辦記者會或向朋友公佈這

---

① 稍微瀏覽幾個網站後，我很吃驚地發現他們是如此的悔不當初，為自己以前篤信神深表遺憾。但如今他們卻對自己的不信表現得如此篤定！你以為他們至少能從這個過程中學到一點謙卑，但結果並非如此。

個消息。如果你不斷追問，他們中的一些人甚至依然會説他們是基督徒。但因為各種各樣的原因，他們其實已經不再是基督徒了。

從美國最大的浸信會宗派——美南浸信會（SBC）——收集的統計數據中可以看出，信徒正悄悄地流失。2004年，在43000多個教會中，總共有教會成員1600萬人。這1600萬人宣告相信基督並受洗加入了教會。但是，在這龐大的人群中，卻只有600萬人會在主日前往美南浸信會的教會參加禮拜[②]。這意味着有1000萬人已經不見了蹤影。

這當中也許有很多合理的原因。也許，一些人轉會到了美南浸信會以外的教會，忘記了通知原教會。但即使不考慮這些意外因素，結果依然是觸目驚心的：數百萬曾經聲稱跟隨基督的人如今已經與他毫無關係，而這還僅僅只是美南浸信會一個宗派的狀況而已。

問題自古有之

今天也許有很多叛教者和背道者，但這都算不上甚麼新鮮事。新約提到，在初期教會就有很多知名人士中途背棄了

---

② John Hammett, *Biblical Foundations for Baptist Churches: A Contemporary Ecclesiology*（Grand Rapids, MI: Kregel, 2005），109.

信仰：

- **加略人猶大**——所有背道者的始祖。他貌似基督
  的真門徒（約13:21-22），最終卻背叛了耶穌，自
  殺了（太27:5）。
- **許米乃、亞歷山大和腓理徒**——他們棄絕了福
  音，他們的信仰如船傾覆，偏離了真道（提前
  1:19-20；提後2:17-18）。
- **底馬**——保羅在好幾封書信中都傳遞了底馬對教
  會的友好問候。他與使徒的關係肯定很親密。但
  在保羅的最後一封書信中，底馬因貪愛世界已經
  離棄了保羅（提後4:10）。

　　解經學者們也認為，使徒約翰之所以寫第一封書信，是因
為當時有人背離了信仰。一群自稱是基督徒的人不再相信神的
兒子耶穌道成肉身。他們離教會而去，留下一群困惑、軟弱、
意見不合的信徒③。約翰希望幫助教會正確地看待這樣的分
裂，所以他說：「他們從我們中間出去，卻不是屬我們的；若
是屬我們的，就必仍舊與我們同在；他們出去，顯明都不是屬
我們的。」（約壹2:19）離開的成員也許貌似堅定的信徒，一

---

③　Kruse, *The Letters of John*, 2.

些人甚至可能擔任過教會領袖。但現在，他們露出了自己的真面目。

我們要注意約翰沒有說的話。他沒有說：「這些人曾經是基督徒，但現在不是了。」相反，他說他們從一開始就不是基督徒。他們從來不「屬我們」。如若不然，他們必定仍在教會。他們棄絕信仰的事實表明，他們從來就不是真信徒。

我想堅定地告知你一件事：聖經說，真基督徒是不會離開信仰的，真基督徒不會離棄基督。

這對你我來說意味着甚麼？這意味着信仰的關鍵不是我們以前有沒有像基督徒一樣說話行事，而是我們今天是否仍然在跟隨基督，並且能夠堅持到底。

在美國，很多教會認為信主只是做一個決定而已。如果某天你想成為基督徒，你只要告訴神，你願意接受他的赦免，然後交易就完成了。對他們而言，信主就像打麻疹疫苗，是一項一勞永逸的事，只要接受赦免，無論你有沒有繼續跟隨基督，都能抵禦地獄的烈火。

如果你在拿起這本書時，也是這樣理解救恩的，那麼本章的內容對你來說可能會很激進。但請你放心，我保證這些內容並沒有聽起來那麼可怕。事實上，對歷史上的很多聖徒而言，這些都只是基礎概念。例如，寫於1833年的《新罕布夏信仰告白》（*New Hampshire Baptist Confession of Faith*）就這樣總結

了聖經對救恩的教導：「我們相信，真信徒都會忍耐到底。他們對基督的至死忠心是將他們與虛浮的假信者區別開來的重要標記……」④

那麼，我們如何才能知道誰是真信徒呢？我們怎樣才能把他們和那些虛浮的假信者區分開來呢？真信徒能忍耐到底，他們堅決地跟隨基督，永不離開。

福音的核心

請注意，我們在這裏應避免兩個錯誤：一方面，我們不應認為信徒可能會失去救恩，真基督徒永蒙保守，真基督徒必定能**忍耐到底**；另一方面，我們也不應像一些人那樣輕率地宣告「一次得救，永遠得救」，仿佛你立志信主以後，仍可以活得像個魔鬼一樣，這是行不通的。真基督徒能在**跟隨基督**的事上忍耐到底。

想要明白這一點，我們就需要思考耶穌為百姓施行的救恩本質。耶穌的救恩遠非一張「逃離地獄通行證」。而是：

- 我們是罪的奴僕；耶穌來是要我們得自由（羅6:22）。

---

④ 《新罕布夏信仰告白》（1833 年），第 11 條。

- 我們是死人；耶穌來賜給我們生命（弗2:5）。

- 我們迷了路；耶穌來把我們找回（路19:10）。

- 我們在靈裏是病人；耶穌來醫治我們（路5:31-32）。

- 我們在靈裏是瞎子；耶穌來幫助我們看見真理（林後4:4-6）。

- 我們是悖逆的孩子；耶穌來使我們與天父和好（路15:11-32）。

- 我們是神的仇敵；耶穌來化干戈為玉帛（林後5:18-19）。

- 我們敬拜無益的偶像；耶穌來救我們脫離偶像的捆綁（帖前1:9）。

你能明白一個真信徒在真實地經歷過耶穌的赦免後，為甚麼能持守真道到底嗎？從人的角度來看，得救意味着脫離悖逆和不順服的人生。持續悖逆和反叛的人根本就沒有得救，因為得救的果效之一正是將人帶離**這樣的光景**。虛假的救恩就像對深陷泥潭的人說，你得救了，卻不將他們從泥潭中拉出來。這是一句空話。當一個曾經宣告相信基督的人，卻對敬拜、享受神、順服神和愛神毫無興趣時，這足以表明此人從一開始就沒有接受耶穌那和好、使人煉淨的救恩。

從耶穌的角度來看，我們不妨借用比喻來理解救恩。一個已獲得視力的人不可能不去看。一個死裏復活的人已經活過來，不再是死的。一個被收養為子嗣的人現在就是兒子。重點是耶穌已經拯救了我們。他不會拯救了卻不救到底。若果真如此，他就不是一個好的救主。

人們離開信仰的原因

耶穌曾講過一個比喻，幫助我們理解為何那些起初看起來像在跟隨耶穌的人最終會墮落。他說：

> 「你們聽啊，有一個撒種的出去撒種。撒的時候，有落在路旁的，飛鳥來吃盡了；有落在土淺石頭地上的，土既不深，發苗最快，日頭出來一曬，因為沒有根，就枯乾了；有落在荊棘地裏的，荊棘長起來，把它擠住了，就不結實；又有落在好土裏的，就發生長大，結實有三十倍的，有六十倍的，有一百倍的。」又說：「有耳可聽的，就應當聽。」（可 4:3-9）

隨後，耶穌在同一章中向門徒解釋了他故事的要點。他說這四種土壤代表四種不同的人，以及他們對神話語的不同

回應:

- **第一類人**聽見神的道,但毫不感興趣。因為撒但的阻擾,他們無動於衷。「那撒在路旁的,就是人聽了道,撒但立刻來,把撒在他心裏的道奪了去。」(可4:15)

- **第二類人**聽見神的道,起初似乎樂於接受。他們貌似基督徒,但好景並不長。「那撒在石頭地上的,就是人聽了道,立刻歡喜領受,但他心裏沒有根,不過是暫時的,及至為道遭了患難,或是受了逼迫,立刻就跌倒了。」(可4:16-17)

- **第三類人**聽見神的道,也有積極的回應,但無論具體的回應如何,他們也只是一時的興起。「還有那撒在荊棘裏的,就是人聽了道,後來有世上的思慮、錢財的迷惑和別樣的私慾,進來把道擠住了,就不能結實。」(可4:18-19)

- **第四類人**聽見神的道,就將神的話語銘記在心。神的道能救他們。他們的生命不斷長進,永不停息。他們「聽道,又領受,並且結實,有三十倍的,有六十倍的,有一百倍的。」(可4:20)

因為本章主題的緣故，我們在這裏主要關注的是耶穌的比喻中第二和第三種人的經歷。第一種人明確表示不信主，第四種人持守信仰，多結果子。但第二和第三種人則不同，他們起初看起來都像委身的基督徒，但最終卻都沒有結果並得到救恩。透過他們的例子，我們可以總結出人們遠離信仰的兩個常見原因。

為神的道受逼迫

第二種人聽見耶穌的好消息並喜樂地領受。他們為耶穌感到興奮，也樂於結識新的基督徒同伴。他們也許受過洗，加入過教會，甚至身上穿着印有基督徒標誌的T恤。

但很快逼迫就來了：或輕——親朋好友嘲笑他們的T恤；或重——政府威逼要將他們關進監獄，甚至更糟。不論具體情況如何，他們現在要為跟隨耶穌付上代價，正如耶穌的教導：「他們若逼迫了我，也要逼迫你們。」（約15:20）顯然，既然世上的掌權者將他釘死在十字架上，人跟隨這樣的彌賽亞也必然要受苦。可悲的是，基督徒在勸人跟隨耶穌之前，往往沒有提醒對方「計算代價」。

不論他們知不知道要計算代價（向人傳福音時務必記得說到這點），總之，面對險惡的環境時，跟隨耶穌對他們來說不再具有吸引力。而到了某一刻，他們會覺得跟隨耶穌麻煩太多，一切遠不值得。於是慢慢地，但卻十分明顯地，這些只能

同甘而無法共苦的朋友會脫離基督徒群體。最終,「信主」成為了他們人生中一段遙遠的回憶。

　　我們可以將這一種人與《希伯來書》所針對的那些人作個對比。當時教會遭遇逼迫,一直受到政府官員的迫害。因此,《希伯來書》的作者希望信徒想起他們在過去如何為主受苦,這樣,他們也可以在此刻為苦難歡歌,並忍耐到底。他寫道:

> 　　你們要追念往日,蒙了光照以後所忍受大爭戰的各樣苦難。一面被毀謗,遭患難,成了戲景,叫眾人觀看;一面陪伴那些受這樣苦難的人。因為你們體恤了那些被捆鎖的人,並且你們的家業被人搶去,也甘心忍受,知道自己有更美、長存的家業。所以,你們不可丟棄勇敢的心,存這樣的心必得大賞賜。你們必須忍耐,使你們行完了神的旨意,就可以得着所應許的。「因為還有一點點時候,那要來的就來,並不遲延。只是義人必因信得生,他若退後,我心裏就不喜歡他。」我們卻不是退後入沉淪的那等人,乃是有信心以致靈魂得救的人。(來 10:32-39)

　　這些真信徒為基督的緣故受逼迫。他們在眾人面前被羞辱,財產被掠奪,但他們仍緊緊抓住耶穌,絕不反悔。和歷史

上的眾聖徒一樣，他們經歷過新生，立誓向耶穌效忠。再大的磨難也不能使他們動搖。相反，那些口上承認耶穌，可是一經磨難就拋棄他的人，可能從來都不是真基督徒。

錢財將神的道擠住

和第二種人類似，第三種人也是起初接受了神的道，但最後卻離棄了。他們受世上的思慮牽引，或許是他們太貧寒，天天為付房租而焦慮，或許是他們太富足，總想着換一套更大更好的房子。

有些人的信仰受到貧窮和苦難的阻礙；而另一些人則因為過於成功而使信心被擠住。匱乏誘惑着有些人拋棄基督，在別處尋求更綠的牧場；另一些人則利令智昏，看見財富就把神忘了。換句話說，你是窮是富並不重要，重要的是你在追求甚麼。

現在，我們都認為富足是件好事，從某些方面來看確實如此。但財富也可能帶來屬靈上的危險。想想以下幾點：

- 物質財富可能像麻藥，緩解靈魂的疼痛並麻痺知覺，使人覺得他們不再需要基督。
- 財富使我們誤以為能夠依靠財富得到幸福，而不是依靠耶穌。
- 富足可能意味着我們要損失更多，因此使我們更

難為基督拋下一切。

- 財富來之不易。我們需要辛勞耕耘、不斷投入，才能有所收穫，這樣我們向神奉獻的時間就必然會減少。正如臭名昭著的「大個子小子」（The Notorious B.I.G，美國歌手——譯註）所說：「錢越多，問題越多。」

- 我們擁有的越多，就有越多潛在的東西來取代耶穌，成為我們所看重的。

聖經反覆警告我們財富的危險。我們將在後面的章節中更多地來思考這個問題，但在這裏我想說，為追求錢財而拋棄耶穌的人是從來都沒有珍視過耶穌的（太13:44-46）。

硬幣的正反兩面

我們如何才能持守信心，忍耐到底，直到我們離世或耶穌再來的日子（無論是哪個先到來）呢？《猶大書》替我們回答了這個問題。猶大寫道：

保守自己常在神的愛中，仰望我們主耶穌基督的憐憫，直到永生。有些人存疑心，你們要憐憫他們；

有些人你們要從火中搶出來，搭救他們；有些人你們
要存懼怕的心憐憫他們，連那被情慾沾染的衣物也當
厭惡。

那能保守你們不失腳，叫你們無瑕無疵、歡歡
喜喜站在他榮耀之前的我們的救主獨一的神，願榮
耀、威嚴、能力、權柄，因我們的主耶穌基督歸於他，
從萬古以前並現今，直到永永遠遠。阿們！（猶 21-
25）

猶大在這裏提到兩個我們必須謹守的要點。

忍耐是信徒的責任

首先，猶大教導我們要保守自己「常在神的愛中」。神
固然愛我們，但我們也需要努力保守自己常在他的愛中。換言
之，忍耐是信徒的本分和責任。

猶大不是新約中唯一這樣表述的作者。新約書卷中其他作
者也奉勸我們要投入時間和精力，竭盡全力忍耐到底。他們毫
不含糊地指明了有持續性丟棄信仰的危險，從而使我們小心提
防，並且盡上一切本分保持敬虔。下面是一些實例：

小子們哪，你們要住在主裏面。這樣，他若顯現，
我們就可以坦然無懼；當他來的時候，在他面前也不

至於慚愧。(約一 2:28)

你要為真道打那美好的仗,持定永生。你為此被召,也在許多見證人面前已經作了那美好的見證。我在叫萬物生活的神面前,並在向本丟彼拉多作過那美好見證的基督耶穌面前囑咐你:要守這命令,毫不玷汙,無可指責,直到我們的主耶穌基督顯現。(提前 6:12-14)

所以,你們不可丟棄勇敢的心,存這樣的心必得大賞賜。你們必須忍耐,使你們行完了神的旨意,就可以得着所應許的。「因為還有一點點時候,那要來的就來,並不遲延。只是義人必因信得生,他若退後,我心裏就不喜歡他。」我們卻不是退後入沉淪的那等人,乃是有信心以致靈魂得救的人。(來 10:35-39)

我們既有這許多的見證人,如同雲彩圍着我們,就當放下各樣的重擔,脫去容易纏累我們的罪,存心忍耐,奔那擺在我們前頭的路程。(來 12:1)

我們能從這些勸勉和警告中看出,忍耐是每個基督徒的功課和責任。

簡單而言,正如我和妻子在跑步方面有一個明顯的差異——她能忍耐,而我不能。基督徒面對信仰生活也是如此:

我們都蒙召忍耐到底。還是耶穌的那句老話：「惟有忍耐到底的必然得救。」（太10:22）

忍耐是神的工作

其次，我們的努力並非全部。如果你對本章的印象只有文章開頭那個我太太毅力過人的比方的話，那你就錯過了一些十分重要的東西。我們固然需要忍耐，這沒錯，但忍耐最終還是神的工作。

猶大在寫信時並沒有寄望於信徒的辛勞努力。他也提醒他們，神能「保守你們不失腳，叫你們無瑕無疵、歡歡喜喜站在他榮耀之前。」（猶24）

信徒不用擔憂他們不能持守信心，因為保守他們信心的正是神自己。神透過前面引述的經文來提醒他的百姓，他會保護他們不至失腳。再來看看神的話吧：

> 我深信那在你們心裏動了善工的，並成全這工，直到耶穌基督的日子。（腓1:6）
>
> 你們既聽見真理的道，就是那叫你們得救的福音，也信了基督，既然信他，就受了所應許的聖靈為印記。這聖靈是我們得基業的憑據，直等到神之民被贖，使他的榮耀得着稱讚。（弗1:13-14）
>
> 我的羊聽我的聲音，我也認識他們，他們也跟着

我。我又賜給他們永生，他們永不滅亡，誰也不能從我手裏把他們奪去。我父把羊賜給我，他比萬有都大，誰也不能從我父手裏把他們奪去。（約 10:27-29）

因為我深信無論是死，是生，是天使，是掌權的，是有能的，是現在的事，是將來的事，是高處的，是低處的，是別的受造之物，都不能叫我們與神的愛隔絕；這愛是在我們的主基督耶穌裏的。（羅 8:38-39）

正如救恩不是出於信徒的努力，忍耐也不是。那拯救罪人的奇異恩典也將同時托住他們，直到把他們送回天家。

然而，既然耶穌應許沒有人能從他手中將我們奪去，神也應許任何事都不能使我們與基督的愛隔絕，那這是否意味着我們可以袖手旁觀，甚麼都不做呢？當然不是。我們工作，神也藉着我們工作。保羅在一節經文中一語雙關：「當恐懼戰兢，作成你們得救的工夫；因為你們立志行事，都是神在你們心裏運行，為要成就他的美意。」（腓2:12-13）

結論

如果你此刻正在跟隨基督，那麼我無意用本章來嚇唬你。神必會在你跟隨他的道路上緊緊守護你，對此你可以非常有信

心。所以，繼續打這美好的仗吧，忍耐並且直至最終的號角吹響！同時，你也要全心鼓勵其他基督徒與你一起同行。

　　但是，如果此刻你已經遠離了信仰，或者正在考慮離開信仰，那麼請你當心了！如果你還在指望着過去的那個信仰宣告（現在已經和你的日常生活毫不相干了）能確保你是個基督徒，那麼我為你禱告，希望你知道神的話語正呼召你歸回基督。如果你已經離開了基督，那麼你就不是基督徒。

回應

反思

- 基於基督救恩的特性，真信徒為何不可能回到原初不信的狀態？
- 你此刻正在跟隨基督嗎？
- 忍耐如何既是我們的責任，又是神的責任呢？

悔改

- 向神承認，世界曾如何與你的私慾掛勾，誘使你離開耶穌。請神赦免你在信仰上三心二意。

謹記

- 默想《詩篇》130篇3至4節：「主耶和華啊，你若究察

罪孽，誰能站得住呢？但在你有赦免之恩，要叫人敬畏你。」

- 感謝神不記念我們的過犯，卻將一切歸算在耶穌身上，以至我們能得到他的赦免。無論我們如何努力，也難保自己不會失去信心，所以要讚美神，因為他將他的羊群捧在手心。

分享

- 地方教會如何能幫助基督徒持守信心？
- 你在信仰的道路上認識一些能為你打氣，鼓勵你保持忠誠的肢體嗎？如果還沒有，誰能扮演這樣的角色呢？

第六章

如果你不愛他人，那麼你還不是基督徒

對絕大多數人而言，成長意味着我們學會接受自己的有限。年輕時，我曾經想當醫生，想當消防員和職業棒選手。但等到稍微長大一點後，我就發現我的時間非常有限，我只能先向職業棒選手的目標努力。醫生和消防員的理想可以等到我的運動生涯結束之後再開始。

再後來，大概在我11歲左右，這些夢想都開始破滅。我跑得很慢。我手眼的協調能力也很弱，這意味着我永遠不可能打中曲球。我一見到血就暈。我發現，對我而言，逃離燃燒的房屋遠比跳入火海更容易。於是，我慢慢地得出了結論：看來我這輩子都不大可能成為棒選手、醫生和消防員了。

在接下來的幾年裏，我被未來的焦慮和迷茫籠罩着。後來，就在初中快畢業時，我「找到」了自己的人生目標：我要成為一名大學教授，一個聰明絕頂的專家。反正，我已經無緣成為紐約洋基隊的一壘手了，還有甚麼比這個理想更好的呢？教書無非就是人家花錢讓你博覽群書，一週只需要上兩天課，

還能享受暑假。而且我向來嗜好穿斜紋粗呢，嘴邊再叼上一個菸斗，這簡直太完美了。我要成為一名文學教授。我的存在危機感終於消失了……

直到查爾斯·狄更斯（Charles Dickens）出現在我的世界裏。你讀過狄更斯的書嗎？他的小說相當於文學上的麥草：受到一小群追捧者的喜愛，固然有其益處，但實在難以下嚥。記得以前初三的語文老師要我們閱讀狄更斯的《艱難時世》時，起初我異常地興奮。我知道要成為一名高級的知識分子，就必須學會欣賞狄更斯。而這將是我邁入嶄新人生的第一步。

但只讀到第六頁，我就心灰意冷，希望破滅了。《艱難時世》是一部針對功利主義的文學評論，而這部小說肯定是世上最無聊透頂的一部作品。好吧，具體點說，我敢擔保《艱難時世》的前六頁一定是世間小說最枯燥的前六頁。而且我還認為無疑是《艱難時世》催生了有史以來最無聊的文學導讀。我堅信，世上沒有人能讀完這部小說。每個人都只是在假裝而已。

從那以後，我對狄更斯的厭惡多年都沒有消退。我從來沒讀過《遠大前程》，我看見《雙城記》就仿佛遇見瘟神一樣。我甚至拒絕觀看根據狄更斯小說《孤雛淚》改編的同名音樂劇，當時在當地公共廣播電台的年度會員活動期間，電視上播放了該劇。既然一個作家能寫出像《艱難時世》那樣無聊的作品，那麼根據他作品改編的音樂劇能好到哪裏去呢？

　　我不喜歡狄更斯的作品，但有一部例外。每年聖誕節期間，我都會觀看不同版本的《小氣財神》（阿拉斯泰爾·西姆、喬治·史考特、派崔克·史都華都曾主演過這部電影，還有布偶版），每個版本我都很喜歡。故事講述的是艾比尼澤·史古基（Ebenezer Scrooge）如何從暴躁易怒的守財奴轉變為宅心仁厚、樂於行善的人，劇情溫暖又引人入勝，而且趣味盎然，這是與《艱難時世》截然不同的。但我還是沒有勇氣直接去讀原文。初三時的夢魘烙印在我腦海裏，始終揮之不去。

　　結果呢，到了這個命中註定的日子。在我可愛妻子的鼓勵下，我決定面對恐懼，翻開了狄更斯的《小氣財神》。起初我很害怕，仿佛紙面上的文字會像無聊毒菌一樣侵入我的雙眼，令我昏昏欲睡，神情恍惚。但結果卻出人意外。這本書寫得和電影一樣精彩，甚至比電影還出色。雖然在《艱難時世》中，狄更斯把湯瑪斯·葛萊恩的兒子等角色表現得了無生氣，但他筆下的史古基（或譯斯克魯奇）卻是如此的活靈活現。請讀讀下面這段：

　　　哦！他可是一個要從石頭裏榨出油來的人，這個斯克魯奇！他真是一個善於壓榨、擰絞、掠取、搜刮、抓住不放，而又貪得無厭的老惡棍哪！又硬又銳利，好像一塊打火石似的，可是鋼棒從來沒有在那上

面打出慷慨的火花來；而且隱秘自守，默不作聲，孤單怪僻，好像一隻牡蠣。他內心的冷酷使他蒼老的面貌蒙上了一層嚴霜，凍壞了他的尖鼻子，凍皺了他的面頰，凍得他腳步直僵僵的，凍得他眼睛發紅，薄嘴唇發紫，凍得他用嘰嘰嘎嘎的聲音說尖酸刻薄的話。他的頭上是一層皚皚的白霜，兩撇眉毛和堅硬的下巴也是這樣。他走到哪裏，就把自己身上的低溫度帶到哪裏；在大熱天裏，他把他的事務所弄得冷冰冰；到了聖誕節這天，他也不上升一度去使那兒解凍。[1]

史古基在出場時陰鬱孤僻，這恰恰能反襯出他隨後的變化是多麼美好溫馨。到故事結尾時，我們讀到：

他變成了一個好朋友、好東家、好男人，好到這好而老的城市從未有過，或者這好而老的世界上，任何別的好而老的城市、鄉鎮或自治城市都從未有過。有些人看見他的轉變覺得好笑，但是他讓他們去笑，睬也不睬他們；因為他是夠聰明的，知道在這個地球上，永遠是這樣，沒有一樣東西在開始出現的時候，

---

[1] Charles Dickens, *A Christmas Carol* (New York: Banam, 1986)，2.（中文選自吳鈞陶譯本，下同。）

不被一些人笑得死去活來；他也知道這些人總歸是盲
目的，因此他想，他們齜牙咧嘴地笑得眯起眼睛，跟
他們得更不好看的怪病比起來，不過是半斤八兩。他
自己在心裏笑着：對他來説，這就足夠了。[②]

人人都愛聽救贖和改造的故事。所以，《小氣財神》會成
為永恆的經典。

但我們都知道，這樣的故事在現實中不會發生。正所謂江
山易改，本性難移。人即便經歷了一生的邪惡，也並沒有學會
去愛。世上的史古基不可能在眨眼之間就變成德蕾莎修女，對
嗎？

果真如此嗎？從某種角度上來說，我寫這本書是想告訴
你，這正是基督徒所經歷的改變。聖經說，真實的悔改和信心
必定帶來一個重大的改變，那就是，對他人真心的關愛。事實
上，如果你重生後沒有經歷過這樣的改變，你就得好好地反思
一下你是不是一個真正的基督徒。

這並非編造，我只是借用了使徒約翰的話。你且聽聽：
「親愛的弟兄啊，我們應當彼此相愛，因為愛是從神來的。凡
有愛心的，都是由神而生，並且認識神。**沒有愛心的，就不認
識神，因為神就是愛。**」（約一4:7-8）道理很簡單：如果你不

---

② 　同上，85 頁。

愛他人，那麼你還不是基督徒。

怪異的愛

這個說法確實有些難為人——因為它要求我們誠實地察驗自己的內心和生活。但令我們感到為難的還有一個原因，就是我們不知道我們要愛到甚麼程度才算是有愛心。我是說，每個人都有自己喜愛的人和事。在我認識的人當中，即使是最壞的人也愛他們的朋友、媽媽或孩子。如果說人必須有愛心才能成為基督徒，那麼又有誰不能滿足這個條件呢？

「愛」受億萬人追捧。如果你在一個包含基督徒、回教徒、佛教徒和印度教徒在內的聚會中起身說：「神就是愛。」想必很多人都會向你點頭稱許。人們喜歡聽見神是愛。他們甚至喜歡「當彼此相愛」的宗教教義。想想看：美國人有一個專門用來表達愛的節日③；我們的賀卡銷量達幾百萬張；每年，至少有兩部珍妮佛·安妮斯頓（Jennifer Aniston）的愛情喜劇電影上市。但世間對愛的觀念紛亂不清，基督徒的「有愛心」到底指的是甚麼呢？

---

③　在此，我腦中想到的是感恩節，在這個日子裏，舉國上下都在歡慶足球和烤肉。我妻子讀到這段文字時說，有些人可能比較容易聯想到情人節。對我而言，這兩個節日都一樣。

為了回答這個問題，我們需要更深入地挖掘聖經告訴我們的基督徒應該如何去愛。聖經告訴我們，基督徒有三種特殊的愛。在繼續討論的過程中，我將引述很多經文，請勿跳過這些段落，請你務必閱讀它們。不要聽我說你當如何去愛，而應當聽從聖經。而且，這樣你也可以知道，我沒有矇騙你。你在這裏所看到的都是最基本的基督信仰。如果可能，請在每段經文上停頓片刻，默想一下。

愛其他基督徒

在上十字架的前一夜，耶穌最後的教訓是賜給門徒一條新命令。他告訴他們：「我賜給你們一條新命令，乃是叫你們彼此相愛；我怎樣愛你們，你們也要怎樣相愛。你們若有彼此相愛的心，眾人因此就認出你們是我的門徒了。」（約13:34-35）耶穌的門徒應當以超乎常人的方式彼此相愛。這是成為基督跟隨者的一個特徵和標記。

一般這樣的愛會表現在地方教會當中。就像新約作者對初期教會的教導那樣，地方教會的成員應當看顧彼此的身體和靈魂。例如，《希伯來書》的作者勸告教會要接待客旅，記念為信仰坐監的肢體，也要讓帶領的牧者喜樂，以此來「常存弟兄相愛的心。」（來13:1、3、17）

彼得深知愛教會裏的弟兄姊妹並不容易，所以寫道，「最要緊的是彼此切實相愛，因為愛能遮掩許多的罪。」（彼前

4:8）你身邊的肢體會犯罪得罪你，但你仍然要愛他們！你知道嗎，不僅如此，你還要熱情款待他們，不可向他們發怨言（彼前4:9）。此外，當一個人能夠真正以這樣的愛心和關懷來對待會眾時，你就知道他是一個真正的教會領袖（彼前5:2-3）。

聖經中一次次地命令基督徒要彼此相愛。[4]所以，約翰告訴我們，愛其他的基督徒是一個真門徒的標誌，而缺乏這種愛則正是假教師的記號：

> 人若說自己在光明中，卻恨他的弟兄，他到如今還是在黑暗裏。愛弟兄的，就是住在光明中，在他並沒有絆跌的緣由；惟獨恨弟兄的，是在黑暗裏，且在黑暗裏行，也不知道往哪裏去，因為黑暗叫他眼睛瞎了。（約一 2:9-11）

愛有缺乏的人

基督徒愛心的另一個特點就是，愛那些貧窮和有缺乏的人。約翰的第一封書信，在這裏再次挑戰了我們。他尖銳地問道：「凡有世上財物的，看見弟兄窮乏，卻塞住憐恤的心，愛神的心怎能存在他裏面呢？」（約一3:17）神的愛不可能只住

---

[4]　例如，彼前 2:17；羅 12:10；約二 5。

在你心中，卻不向外流淌，以憐憫恩慈對待有缺乏的人。如果我們聲稱自己相信基督，卻拒絕向有困難的人伸出援助之手，那麼我們的信心就是死的，是無用的（雅2:15-17）。

這種對窮人的關切似乎是早期基督徒的特質。公元45年左右，耶路撒冷遭遇饑荒，城中的教會受到了重創。雖然馬其頓的弟兄姊妹自己也不富裕，但他們立即做出了回應，傾囊相助。我們也知道教會常常看顧貧窮的寡婦（提前5:3及以下），照看窮人是早期教會敬虔的一個標誌（徒9:36及以下，10:4）。

這種生活方式甚至讓仇視基督教的外人也留下了深刻的印象。公元197年，早期教會領袖特土良（Tertullian）寫了《護教書》（*Apology*），向敵對的羅馬當局為基督徒辯護。

他在書中描述了基督徒對需要幫助的弟兄姊妹所表現出的非凡的愛，這種愛是如此之大，以至於招致了他們異教徒鄰居的嘲笑。他寫道（我將部分內容加粗了）：

> 雖然我們有奉獻箱，但這不是一筆買賣交易，仿佛我們的信仰價值多少錢。在每月的奉獻日，如果一個人願意，他可以只投入一筆很小額的奉獻款，但前提是出於他的樂意，而且是在他的能力範圍內：因為奉獻不是強制，一切都是出於自願。這些奉獻款……

不是用於宴席、珍饈和狂飲,而是用來救濟窮乏之人
和安葬他們,幫助家庭窮苦的兒童和孤兒,還有家中
無依無靠的老人;遭遇海難的人也在其中;如果有人
在礦井遇難,或被放逐至孤島,或在獄中不見天日,
基督徒會因其對神教會的忠實,就有如照看嬰孩一般
地照顧他們。但旁人卻對我們另眼相看,主要是因為
這愛太高尚。**看啊**,他們説,**他們是多麼彼此相愛**⋯⋯
他們甚至願意為對方捨命。⑤

早在第一章,我們就已經粗略地看過耶穌在《馬太福音》
25章中的教導。如果你還記得,耶穌告訴聽眾,有一天他要再
來,將屬他的人(綿羊)和非基督徒(山羊)區分開來。他隨
後細説了綿羊的特點:

「於是,王要向那右邊的説:『你們這蒙我父賜福
的,可來承受那創世以來為你們所預備的國。因為我
餓了,你們給我吃;渴了,你們給我喝;我作客旅,
你們留我住;我赤身露體,你們給我穿;我病了,你

---

⑤　引自 Martin Hengel 所著的 *Poverty and Riches in the Early Church: Aspects of a Social History of Early Christianity*(Minneapolis, MN: Inter-Varsity, 1998),67-68.

們看顧我；我在監裏，你們來看我。』義人就回答說：
『主啊，我們甚麼時候見你餓了，給你吃，渴了，給
你喝？甚麼時候見你作客旅，留你住，或是赤身露體，
給你穿？又甚麼時候見你病了，或是在監裏，來看你
呢？』王要回答說：『我實在告訴你們：這些事你們
既作在我這弟兄中一個最小的身上，就是作在我身上
了。』」（太 25:34-40）

但站在另一邊的山羊卻對有缺乏的人視若無睹。於是，耶
穌繼續說：

「王又要向那左邊的說：『你們這被咒詛的人，離
開我，進入那為魔鬼和他的使者所預備的永火裏去！
因為我餓了，你們不給我吃；渴了，你們不給我喝；
我作客旅，你們不留我住；我赤身露體，你們不給我
穿；我病了，我在監裏，你們不來看顧我。』他們也
要回答說：『主啊，我們甚麼時候見你餓了，或渴了，
或作客旅，或赤身露體，或病了，或在監裏，不伺候
你呢？』王要回答說『我實在告訴你們：這些事你們
既不作在我這弟兄中一個最小的身上，就是不作在我
身上了。』這些人要往永刑裏去，那些義人要往永生

裏去。」(太 25:41-46)

我不知道還有誰能比這更有力、更令人痛心地表達這一點。基督徒展現愛以滿足他人所需,當萬王之王耶穌再臨時,他將以子民的這份愛認出他的子民。

愛仇敵

真基督徒的第三種特別之愛是對仇敵的愛。這可能是耶穌的命令中最不容易也最為特別的愛。他說,即使最糟糕的罪人也能愛那些愛他們的人。但這樣的愛對屬他的人來說還遠遠不夠。他說:

「只是我告訴你們這聽道的人,你們的仇敵,要愛他;恨你們的,要待他好;咒詛你們的,要為他祝福;凌辱你們的,要為他禱告。有人打你這邊的臉,連那邊的臉也由他打。有人奪你的外衣,連裏衣也由他拿去。凡求你的,就給他。有人奪你的東西去,不用再要回來。你們願意人怎樣待你們,你們也要怎樣待人。你們若單愛那愛你們的人,有甚麼可酬謝的呢?就是罪人也愛那愛他們的人。你們若善待那善待你們的人,有甚麼可酬謝的呢?就是罪人也是這樣行。你們若借給人,指望從他收回,有甚麼可酬謝

的呢？就是罪人也借給罪人，要如數收回。你們倒要
愛仇敵，也要善待他們，並要借給人不指望償還，你
們的賞賜就必大了，你們也必作至高者的兒子，因為
他恩待那忘恩的和作惡的。你們要慈悲，像你們的父
慈悲一樣。」（路6:27-36）

基督徒身上應當帶有這種超然、違背常情的大愛。按照天
性，我們都喜歡對自己好的人，厭惡和我們作對的人。但每個
真正從神而生、跟隨耶穌為主的人都能夠超然地去愛人，包括
愛那些抵擋自己的人。

這些與愛神有甚麼關係？

真基督徒能愛人。他們愛弟兄姊妹，愛有缺乏的人，也
愛他們的仇敵。他們為甚麼能這樣有愛心呢？記住《約翰壹
書》4章7節所說的：基督徒從神而生，而神就是愛。基督徒
能這樣愛是因為他們靠着聖靈的大能，從而彰顯出神自己的性
情。我們再來仔細查考一下聖經，看看我們為甚麼必須這樣來
愛人：

沒有愛心的，就不認識神，**因為神就是愛**。（約

壹 4:8)

　　我賜給你們一條新命令,乃是叫你們彼此相愛;**我怎樣愛你們**,你們也要怎樣相愛。(約 13:34)

　　只是我告訴你們:要愛你們的仇敵,為那逼迫你們的禱告。這樣,就可以作你們天父的兒子,**因為他叫日頭照好人,也照歹人;降雨給義人,也給不義的人。**(太 5:44-45)

　　以上所有經文都要求基督徒必須去愛,因為神自己就是愛。我們的愛能表明神的愛住在我們裏面,這愛也能彰顯神的形像。我們愛基督徒,愛有缺乏的人,也愛仇敵,因為他們都是神所愛的人。

神愛他的百姓——基督徒

　　神對他子民的厚愛極為奇妙。事實上,整個基督教的信息都在告訴我們,榮耀的神如何用恩慈的大愛拯救不配的百姓。神一次次地提醒基督徒,他們的得救彰顯了他對他們的愛。

　　然而神既有豐富的憐憫,**因他愛我們的大愛**,當我們死在過犯中的時候,便叫我們與基督一同活過來(你們得救是本乎恩)。(弗2:4-5)

　　……叫你們的愛心有根有基,能以和眾聖徒一同

> 明白基督的愛是何等長闊高深；並知道這愛是過於人所能測度的⋯⋯（弗 3:17-19）
>
> 但到了神我們救主的恩慈和他向人所施的慈愛顯明的時候，他便救了我們，並不是因我們所行的義，乃是照他的憐憫，藉着重生的洗和聖靈的更新。（多 3:4-5）
>
> 你看父賜給我們是**何等的慈愛**，使我們得稱為神的兒女；我們也真是他的兒女。（約一 3:1）

神為何要救他的百姓？為何要收納他們成為自己的孩子？這和他們的表現毫無關係。相反，神拯救人完全是出於他奇妙的愛。他愛他的百姓，所以差遣他的兒子來拯救他們。

神愛有缺乏的人

按着天性，我們都喜歡富有、成功和兼具兩者的人士。如果你參加聚餐，來了一名著名的運動員或好萊塢明星，你會整晚都為此津津樂道。但神說，他憐恤有缺乏的人、窮苦的人、寡婦、孤兒和向他呼求的人。

> 因為耶和華你們的神，他是萬神之神，萬主之主，至大的神，大有能力，大而可畏，不以貌取人，也不受賄賂。**他為孤兒寡婦伸冤，又憐愛寄居的，**賜給他

衣食。所以你們要憐愛寄居的……（申 10:17-19）

我親愛的弟兄們，請聽，神豈不是揀選了世上的貧窮人，叫他們在信上富足，並承受他所應許給那些愛他之人的國嗎？（雅 2:5）

耶穌舉目看着門徒說：「你們貧窮的人有福了，因為神的國是你們的；你們飢餓的人有福了，因為你們將要飽足；你們哀哭的人有福了，因為你們將要喜笑。」（路 6:20-21）

和世間的貧富觀相反，窮乏者反而比有權有勢的人更容易得到屬靈的祝福。名譽和聲色犬馬總能使人麻痺，這樣的人不知道他們需要神。但絕望的人更有可能向神呼求，因此也更容易經歷到神的憐憫和幫助。

神愛他的仇敵

神愛那些不配的人，這是一回事；神愛窮苦缺乏、無以回報的人，這又是另一回事；但這位聖潔公義的神居然愛他的仇敵而不是徹底消滅他們，這簡直令人震驚！

然而，這樣的愛就是神完美屬性的一種展現。下面是最後一組經文：

這樣，就可以作你們天父的兒子，**因為他叫日頭**

照好人，也照歹人；降雨給義人，也給不義的人。你們若單愛那愛你們的人，有甚麼賞賜呢？就是稅吏不也是這樣行嗎？你們若單請你弟兄的安，比人有甚麼長處呢？就是外邦人不也是這樣行嗎？所以你們要完全，像你們的天父完全一樣。（太 5:45-48）

到了一個地方，名叫髑髏地，就在那裏把耶穌釘在十字架上。又釘了兩個犯人：一個在左邊，一個在右邊。當下耶穌說：「父啊，赦免他們！因為他們所作的，他們不曉得。」（路 23:33-34）

惟有基督在我們還作罪人的時候為我們死，神的愛就在此向我們顯明了。現在我們既靠着他的血稱義，就更要藉着他免去神的忿怒。因為我們作仇敵的時候，且藉着神兒子的死，得與神和好；既已和好，就更要因他的生得救了。（羅 5:8-10）

愛在哪裏？

在第四章中，我們說過我們能從人對罪的態度而看出他們的父親是誰。如果我們愛慕犯罪，撒但肯定是我們的父。如果我們渴慕公義，神就肯定是我們的父。

同樣，我們愛人的方式也能顯明我們是屬誰的。如果你

單單愛那些愛你的人，那麼你還不是耶穌的跟隨者。記住，耶穌赦免了那些嘲笑和虐待他的人。如果神自己這樣不計代價地愛他的子民——甚至那些惹人厭、瘸腿的和有需要的也在其中——那麼他的跟隨者也當如此。神就是愛。凡從神而生的也是如此。

回應

反思

- 基督徒的愛是怎樣的愛？這種愛與神對他百姓的愛有着怎樣的關係？
- 你能從自己的生活中看見這樣的愛嗎？
- 非基督徒能否表現出真心的愛？如果可以，他們的愛和基督徒的愛有着怎樣的區別？

悔改

- 向神承認你因為自私、嫉妒或驕傲而無法去愛。請神赦免你所有當愛卻未能愛的時刻。
- 在未來幾週，你可以向誰表達愛心？請為此制定一個計劃。

謹記

- 閱讀《羅馬書》5章8節：「惟有基督在我們還作罪人的時候為我們死，神的愛就在此向我們顯明了。」
- 花點時間來默想神奇妙的大愛，他竟願意差遣他的兒子來拯救我們。無論我們如何愛人，都不足以賺取他的愛。相反，儘管我們滿身罪污，但神依然愛我們，明白這一點，會使我們能夠更好地愛人。

分享

- 請一位教會肢體評估你在生活中是否有愛心。
- 委身地方教會能如何幫助你在本章所討論的各種愛中成長？

第七章

如果你還熱衷物質，那麼你還不是基督徒

有兩條胳膊實在太重要了。你平日也許不會留意到它們，但想想你可以用胳膊所做的事情：

- 早上穿好衣服
- 刷牙
- 擁抱親人
- 刷卡進站搭地鐵
- 吃午飯
- 翻動書本，好讓你讀完這段扣人心弦的引言

你每天都在使用胳膊。你需要它們。如果只有一條胳膊，你大概也能勉強生活；甚至即使沒有胳膊，你或許也可以生存。但老實說，你絕對不會想要失去任何一條胳膊。

登山家艾倫·洛斯頓（Aron Ralston）的想法可能與你一樣。但洛斯頓知道，有些事物比胳膊更寶貴。2003年，在一個

寒冷的四月天，他獨自一人深入猶他州偏遠荒漠的藍約翰峽谷（Blue John Canyon）遠足。洛斯頓的健行經驗相當豐富，落磯山脈中所有4000米海拔的山峰幾乎都留下過他的足跡。他也曾屢屢遇險。兩個月前，他曾在科羅拉多州遭遇雪崩，頸部以下全部被深埋在雪中。但他設法將自己從雪堆裏挖了出來，然後又救出了完全被雪覆蓋的同伴。

　　然而就在那個四月的週六，洛斯頓在只有3英尺寬的狹縫型峽谷中穿行的期間，一塊400多公斤的巨石突然從天墜落，將他的手臂死死地壓在了峽谷壁中。他用盡氣力想要擺脫巨石，但卻徒勞無功。那一夜漫長得可怕。第二天，在多次聲嘶力竭地求救後，他漸漸意識到獲得援助的希望渺茫。到了週二，他已經沒有水了。等到週四，他意識到如果再不採取極端措施，他必定要葬身此處。

　　容易受驚的讀者可以跳過以下內容。接下來所發生的事情不太適合膽小之人閱讀。洛斯頓用牙齒和僅有的一隻胳膊，將背包帶子做成了一個止血帶，然後猛烈地扭動胳膊，扯斷了自己手腕的橈骨和尺骨。隨後，他用一把較鈍的小刀，將他手臂上殘餘的皮膚、肌肉和神經一塊塊切開。最後，他拿出萬能箱裏的鉗子，撕裂了手臂中最堅實的肌腱。整個手術前後持續了約一個小時。

　　洛斯頓將一條手臂留在了峽谷壁上，用繩索爬下了20米高

的峭壁。他走出了峽谷，直到另一群健行者從那裏將他救出。如今他住在科羅拉多州，登山熱情絲毫不減當年。

我們可以從他的故事中學到很多教訓，其中最重要的就是一個人在偏遠的沙漠峽谷中徒步旅行是相當愚蠢的。而且，如果洛斯頓有一天需要在講台上宣講耶穌所說的「如果你的手導致你犯罪，就砍掉它」的教導，那麼他顯然已經有了一個現成的例子。

但我想從這個故事中得到的教訓是：有時智慧會要求我們捨棄一些極為寶貴的東西，即使這些東西本來很美好。而洛斯頓顯然是做出了正確的選擇。胳膊固然重要，但和生命比起來，它就算不得甚麼了。有時，失即是得。借用吉姆·艾略特（Jim Elliot）的話來說，為了最終獲得有價值的東西，我們當然願意放棄一些我們無法保留的東西。

像胳膊一樣，物質和錢財也是美好之物。它們是神賜給我們的禮物。在某種程度上，我們甚至可以說，它們是我們在世上生存的必需品。但很多自稱為基督徒的人沒有意識到：我們所擁有的東西——或夢想得到的東西——是多麼容易將我們置於死地，奪走我們的靈魂。我乾脆這麼說吧：如果你還熱衷於物質，那麼你還不是基督徒。

痛苦的抉擇

在《路加福音》中，我們讀到，有一個年輕人就面臨這樣的尷尬處境。不過，束縛他的不是一塊巨石，而是他巨大的財富，且問題在於他對此並不明白。

故事開始於這個年輕官長向耶穌所提出的問題：

> 有一個官問耶穌說：「良善的夫子，我該作甚麼事才可以承受永生？」耶穌對他說：「你為甚麼稱我是良善的？除了神一位之外，再沒有良善的。誡命你是曉得的：『不可姦淫，不可殺人，不可偷盜，不可作假見證，當孝敬父母。』」那人說：「這一切我從小都遵守了。」（路 18:18-21）

這個人想知道他如何做才能承受永生。我們無法判斷他是不是在誠心尋問。但他顯然對自己的宗教表現很滿意。他從不姦淫、說謊、偷盜或殺人。這樣看來，他或許是想贏得這位名師的肯定，或許是在焦慮地詢問他的行為夠不夠格。從外表看，他像你我一樣是個好人，甚至可能比我們更好。你可以計算一下你做過多少次好事，遵行過多少次神的旨意，然後將其翻倍，結果大概就是他的表現。

現在，我們來看看耶穌是怎麼回答的：

耶穌聽見了，就說：「你還缺少一件：要變賣你一切所有的，分給窮人，就必有財寶在天上，你還要來跟從我。」他聽見這話就甚憂愁，因為他很富足。耶穌看見他，就說：「有錢財的人進神的國是何等的難哪！駱駝穿過針的眼比財主進神的國還容易呢！」（路 18:22-25）

耶穌的回答出人意料。我們以為耶穌要麼會肯定他（「不錯啊，你確實很聖潔！幹得好！」），要麼會糾正他（「等等，自以為是的傢伙。還記得去年一月你撒的那次謊嗎？」），但耶穌關注的不是外表的順服，而是他的內心。

這個年輕人還缺少了一件。他在地上有許多財富，他很有錢——不是中上階層，不是生活充裕，而是「很富足」。他珍視他的家產，這很自然。但耶穌說，如果這位年輕的官長想要得到天上的財寶（也就是救恩），他就必須放下他所擁有的一切。他不能兩者兼得，既牢牢抓住自己的錢財，又想進入神的國。為甚麼呢？

財富是祝福

在回答這個問題之前，我們首先要明白耶穌的話不代表

甚麼。他不是在告訴那個富有的年輕人,金錢從根本上是邪惡的。其實我們誠實地靠雙手致富,這是神美好的賜福。關於財富,聖經告訴我們四件事情:

一、神創造地球是為了讓它繁榮昌盛

> 神就賜福他們(亞當和夏娃),又對他們說:「要生養眾多,遍滿地面,治理這地;也要管理海裏的魚、空中的鳥,和地上各樣行動的活物。」神說:「看哪,我將遍地上一切結種子的菜蔬,和一切樹上所結有核的果子,全賜給你們作食物。至於地上的走獸和空中的飛鳥,並各樣爬在地上有生命的物,我將青草賜給它們作食物。」事就這樣成了。神看著一切所造的都甚好。(創 1:28-31)

二、昌盛往往出於順服和智慧

> 你們果然聽從這些典章,謹守遵行,耶和華你神……也必在他向你列祖起誓應許給你的地上,賜福與你身所生的、地所產的,並你的五穀、新酒和油,以及牛犢、羊羔。……你們的男女沒有不能生養的,牲畜也沒有不能生育的。(申 7:12-14)

> 你要記念耶和華你的神,因為得貨財的力量是他

給你的，為要堅定他向你列祖起誓所立的約，像今日
一樣。（申 8:18）

耶和華所賜的福，使人富足，並不加上憂慮。（箴
10:22）

懶惰的人不烤打獵所得的，殷勤的人卻得寶貴的
財物。（箴 12:27）

智慧人的財，為自己的冠冕，愚妄人的愚昧，終
是愚昧。（箴 14:24）

三、我們能用財富幫補有需要的人

約翰回答說：「有兩件衣裳的，就分給那沒有的；
有食物的，也當這樣行。」（路 3:11）

四、當耶穌再來，使萬物更新時，神的子民將再次享受富足

天使又指示我在城內街道當中一道生命水的河，
明亮如水晶，從神和羔羊的寶座流出來。在河這邊與
那邊有生命樹，結十二樣果子，每月都結果子，樹上
的葉子乃為醫治萬民。以後再沒有咒詛。在城裏有神
和羔羊的寶座，他的僕人都要事奉他。（啟 22:1-3）

我們在直覺上都知道錢財有着美好的用處。當你的孩子生

127

病時，有錢求醫是一種祝福。當你腹中飢餓時，有錢填飽肚腹是一種幸福。如果你打開這本書，發現書中夾着一張面額100美元的嶄新鈔票，你肯定不會嚇得把書扔掉；你可以用這張鈔票多買幾本這本書，然後轉贈給朋友。因此，耶穌不是在告訴那個年輕、富有的官長他的錢財本為惡。財富是神給我們的祝福，我們需要為此感恩。

財富很危險

但我的話還沒說完。關於財富，還有很多事關生死的事情要說。在墮落的世界裏，財富和物質本身極為危險。那個富有的年輕人顯然看不到這一點。

財富為我們的生活帶來諸多便捷。我們可以隨心所欲地購買自己想要的東西。所以，人常常陷入試探，將財富視為偶像。我們不再信靠神的大能和良善，而是依賴自己的錢包和自己的良善。我們相信金錢能帶給我們幸福和安全感。我們不再從神那裏尋求滿足，而是越發依戀我們所擁有的物質，從中尋找意義和滿足。如果你不相信，只需要想想當股市崩盤或房價驟跌時，報紙上翻天覆地的報導就可以知道了。

財富實在太危險，耶穌甚至警告門徒說，富人很難進入神的國。錢越多，人離棄主、轉而信靠財富的試探就越大。在

《路加福音》12章，耶穌用一個比喻形象地說明了這一點：

> 於是對眾人說：「你們要謹慎自守，免去一切的貪心；因為人的生命不在乎家道豐富。」就用比喻對他們說：「有一個財主，田產豐盛，自己心裏思想說：『我的出產沒有地方收藏，怎麼辦呢？』又說：『我要這麼辦：要把我的倉房拆了，另蓋更大的，在那裏好收藏我一切的糧食和財物，然後要對我的靈魂說：靈魂哪，你有許多財物積存，可作多年的費用，只管安安逸逸地吃喝快樂吧！』神卻對他說：『無知的人哪，今夜必要你的靈魂，你所預備的要歸誰呢？』凡為自己積財，在神面前卻不富足的，也是這樣。」（路12:15-21）

在耶穌的這個故事中，財主田產豐盛，為他增添了更多的家產。因此他想出了一個萬全之策：他決定投資改建，蓋一個更大的倉房來收藏和存放。現在，他應有盡有：舒適的退休生活、豐盈的積蓄、暫時告別了煩惱和焦慮。吃喝快樂……這聽起來真不錯，不是嗎？

但問題出在：他死了。神收回了他的生命氣息。當神的審判來臨，更大的倉房幫不上任何的忙。財主也許是個精明的生

意人，但這個精明的生意人最終還是一個愚昧人。他用盡一生追逐錯誤的財寶。當他最終要為自己的一生交帳時，卻毫無準備。《箴言》11章4節的經文一針見血：「發怒的日子，資財無益，惟有公義能救人脫離死亡。」

資財就像麻醉劑，用處可能很大，但也可能很危險。如果你身負重傷，你不會希望自己完全被麻醉，以至於無法察覺到危險。麻醉劑不能解決你的問題，它不能醫治你的傷口。麻醉只能讓你對問題認識不足。

你所有的錢財都是危險的，因為它令你無法敏銳地感知到你需要神。錢財能使你遠離神，使你錯以為它就是你的滿足和拯救。因此，使徒保羅也曾直截了當地總結道：「貪財是萬惡之根。」（提前6:10）

兩主選其一

貪戀錢財實在太危險，耶穌甚至認為我們最可能用以取代神的就是金錢。他知道財富常常以救贖主的姿態自居，以舒適和安逸來為我們提供救贖。因此，他用最嚴厲的口吻警告眾人：「一個僕人不能事奉兩個主；不是惡這個愛那個，就是重這個輕那個。你們不能又事奉神，又事奉瑪門。」（路16:13）

好好想想，現在有兩個神都想得到你。其中的一位是宇宙

的真神，他隨時準備幫助你、拯救你。你若服事他，將得到自由、喜樂和永生。另一位其實根本不是神，但這並不妨礙它接二連三地向你許下無法兌現的承諾。不僅如此，這位神將越來越耗費你的時間和精力，你的愁煩也會與日俱增，但它永遠不會向你兌現最終的平安和喜樂。這位神是個奴役人的騙子。那麼，你希望事奉哪位神呢？

如果你來到基督面前，你就不能三心二意。耶穌不能與其他對象分享你的愛情。這並不是因為他斤斤計較、缺乏氣度。相反，他這麼做恰恰因為他很良善，他知道其他東西會置你於死地。無論你是否意識到，它們都已經將你釘在了峽谷壁上。

除神以外的任何事物都無法滿足你的需要。錢財、工作、成功、兒女、配偶、盼望、雄心、夢想、聲譽……所有這些可能都是好東西，但沒有一樣能滿足你最深層的需求。我們的心往往以為它們可以。我們抓住這些東西，告訴自己：「現在我有救了，我找到快樂、目的和人生意義了。」但事實是，如果你想在耶穌之外尋找幸福，結果必定慘不忍睹。

耶穌指出了問題，幫助我們脫離貪慾和奴役我們的偶像。對很多人而言，不是我們擁有物質，而是物質擁有我們。因此，耶穌要來釋放我們。他恩慈地幫助我們看見，這些依戀都只是徒勞無功。他讓我們知道我們的內心滿是偶像，並且把救恩帶給任何事奉他的人。

門徒需要專一地跟隨,這要求我們必須做出抉擇。耶穌說,我們不能既事奉神又事奉金錢,因為他不容許有競爭者。接受他的救恩,我們就必須全然地委身。如果追逐地上的財富依然是你生命中最重要的事,那麼你就不能成為基督徒。為了讓耶穌成為你的主,你必須願意放下一切。

在《馬太福音》第13章中,耶穌提到了兩個簡短的比喻,以便我們能更深地明白這個真理:

> 天國好像寶貝藏在地裏,人遇見了就把它藏起來,歡歡喜喜地去變賣一切所有的,買這塊地。
>
> 天國又好像買賣人尋找好珠子,遇見一顆重價的珠子,就去變賣他一切所有的,買了這顆珠子。(太13:44-46)

在比喻中,兩個人都發現了一生的至寶。第一個人在地裏發現了寶貝,第二個人找到了上好的珠子。這就像是天國,而耶穌的救恩正是無價的至寶。

為了獲得這個寶藏,兩個人都必須變賣他們所有的一切。珠寶商必定很富足,所以變賣財產的代價也很高。我們可以設想,兩個人都必定會因為寶藏而陷入兩難之地。他們不可能擁有這個寶藏的同時還能持守住他們所熱愛和為之奮鬥的一切。

他們必須放下這一切。進入天國也是這樣，它要求我們全心投入。為了進入天國，我們必須獻上一切。

與這個比喻類似，我們所有人都面對一個抉擇：我們的一生應該服事誰？是服事神，還是服事我們的錢財和物質？答案似乎很明顯。但每天卻有成千上萬的人做出了錯誤的選擇。

如果我們不聽從耶穌在這裏的警告，那麼將會陷入極大的危險。年輕的財主就是一例。他擁有我們一生渴想的一切。他有錢有勢，個人行為無可指摘。但在那天，為了一文不值的偶像，他離棄了耶穌。在聽到耶穌和錢財不可兼得之後，他選擇了錢財。他錯過了近在咫尺的救恩，轉身離去，成為了一個外表正派，其實卻沒有盼望的人。

耶穌真的呼召人人都要變賣全部的家當，捐出他們的錢財嗎？不是的，但他確實告訴我們要愛他勝過愛錢財，而最好的一種表達方式就是我們能夠奉獻得更多。如果你最終信靠的是錢財，如果你為了自己的益處熱衷於物質，那麼你就不是基督的跟隨者。

跟隨耶穌意味着甚麼

跟隨耶穌需要我們付上代價。我們不能既服事耶穌，又服事錢財。所以當兩者的要求發生衝突時，我們就能知道自己真

正服事的是誰。既然耶穌這樣呼召我們,我們就必須甘心放下錢財。

耶穌在世時跟隨耶穌的人大多都不知道耶穌將要求他們犧牲一切。對他們而言,耶穌往往只是一個創造奇蹟的人和一個老師。如果你想得到智慧、醫治、免費的午餐和魚肉,只管來找耶穌。

但耶穌想確保他們知道他對他們的要求是甚麼。他寧可他們徹底離開他,也不要他們假裝跟隨他。所以,《路加福音》說:「有極多的人和耶穌同行。他轉過來對他們說:『人到我這裏來,若不愛我勝過愛自己的父母、妻子、兒女、弟兄、姐妹和自己的性命,就不能作我的門徒;凡不背着自己十字架跟從我的,也不能作我的門徒。』」(路14:25-27)

在這裏,耶穌將成為門徒的要求說得很清楚。要成為基督徒,你必須願意捨命。你必須把耶穌看得比父母、兄弟姐妹和子女還重要——也就是耶穌所說的「恨」。現在讓我們來仔細地查看耶穌的這段話。

首先,你要注意**他在對誰說話**,耶穌的目標受眾是:「到我這裏來的人」。他不是在向超級基督徒提要求,也不是在同殉道者和使徒說話,他只是在向所有想要跟隨他的人說話。如果你想成為一名基督徒,你就必須如此。這是耶穌門徒的正常經歷。

接下來，想想**你必須做甚麼**。你必須控制自己。這是甚麼意思呢？我們通常認為控制自己就是停止放縱。如果我想減肥，我就得拒絕甜點；如果我想控制開支，我就得拒絕不必要的開銷。但耶穌的要求比這些更多。約翰‧斯托得（John Stott）解釋道：

> 捨己就是指我們要像彼得三次不認主那樣對待我們自己。這裏用的是同一個動詞（*aparneomai*）。彼得與耶穌斷絕了關係、拒絕了耶穌、背棄了耶穌。自我克制不是拒絕享用巧克力、蛋糕、香菸和雞尾酒等奢侈品（雖然這些可能也包括在內）；而是完全棄絕和否認自己，放棄我們自作主張的權利。「捨己就是……遠離以自我為中心的偶像。」[1]

你明白為何你不能一邊跟隨耶穌，一邊卻不捨己嗎？因為總得有人在你的生命中做主。這個主如果不是耶穌，就是你自己。你不能聲稱跟隨耶穌，同時又自作主張。

接下來，再想想**耶穌是如何增加難度的**。現在你不僅要捨

---

[1]　John R. W. Stott, *The Cross of Christ* (Nottingham: Inter-Varsity, 1986), 279.（中譯本：斯托得，《當代基督十架》，校園書房出版社，1995 年。）此處為英文直譯。

己,還要背起自己的十字架。誠然,門徒聽見這段話時的驚愕與惶恐一定超出了我們的想像。十字架的標記對我們而言太過平常了。我們佩戴十字架作裝飾,我們為之高唱頌歌。十字架無所不在。但在耶穌的時代,十字架是令人厭惡和反感的。當時,這是羅馬政府鎮壓外邦百姓以阻止他們造反的一種殘酷極刑。只要提及十字架幾個字,就足以令耶穌的聽眾產生一種本能的反應,好比今日聽見「五馬分屍」一樣。而且,門徒可能親眼見過背十字架的人。羅馬官兵會讓死刑犯把十字架的橫梁背到行刑的地方。門徒們知道這是一條不歸路,背着十字架的人永遠不會再回來了。

在這裏,耶穌所談論的並不是字面上的死亡(雖然一些人確實為了跟隨耶穌而捨命),而是指我們要與過去的生活徹底決裂,他要我們將過去以自我為中心的生活方式釘在十字架上。而這將觸及你生命的所有部分,好比死亡一樣。

背起十字架的人將會擁有全新的金錢觀。正如耶穌在別處所說的,「你們無論甚麼人,若不撇下一切所有的,就不能作我的門徒。」(路14:33)你必須向錢財死去。你絕不能再向物質效忠,死心塌地地愛錢。你的錢財必須聽從耶穌的支配。他想用多少,就用多少。

我的朋友,如果有人對你說,成為基督徒就像念咒語一樣,不過是說幾句話或做個簡短的禱告就好了,那他實在是大

錯特錯了；如果有人對你說，信耶穌能消災賜福，風調雨順，那他實在是大錯特錯了；如果有人對你說，耶穌希望你生活富足，那他實在是大錯特錯了。不是這樣的。跟隨耶穌意味着你要背起十字架。正如潘霍華（Dietrich Bonhoeffer）所說的：「當基督呼召一個人，他是呼召他來死。」[2]

怎樣的寶藏？

我寫本章的目的不是為了斥責有錢人。救恩與你存款的多少無關。我在前面曾經說過，有錢不是罪。而且，身無分文也不代表品德高尚。窮人同樣可能像富人一樣做金錢的奴隸。

相反，我寫這一章是為了幫助你反思，究竟是甚麼在支配着你的生命？是對金錢的熱愛嗎？是積累物質和財富嗎？是安逸、舒適的生活和有保障的未來嗎？還是對耶穌的愛，渴求擴展他的國度和賙濟窮人呢？

你每天都在為自己積攢財寶。為了得到財寶，你花費、儲蓄或投資你所有的錢。你到底在尋求怎樣的財寶呢？耶穌告訴我們，我們必須在他身上投資，那才是永恆的寶藏。其他一切

---

[2] Dietrich Bonhoeffer, *The Cost of Discipleship*（New York: Simon and Schuster, 1995），89.（中譯本：潘霍華，《做門徒的代價》，陳仁蓮譯，新星出版社，2012 年。）此處為英文直譯。

都是災難,是一座轉眼即將坍塌的樓塔。他告訴我們:

> 「你們要變賣所有的賙濟人,為自己預備永不壞的錢囊,用不盡的財寶在天上,就是賊不能近、蟲不能蛀的地方。因為你們的財寶在哪裏,你們的心也在那裏。」(路 12:33-34)

回應

反思

- 錢財為甚麼很危險?
- 你認為耶穌為何要求富有的年輕官長變賣所有家產(路18:22),而對其他人卻隻字不提這個要求(參路19:1-10)?
- 如果你向別人完整展示你的消費細項,那麼別人會覺得你最在意的是甚麼呢?這表明你在為自己積攢怎樣的財寶呢?
- 你能指出在你的生活中,你在哪些方面「背起了你的十字架」並跟隨耶穌了呢?如果不能,那你自稱為基督徒又意味着甚麼呢?

悔改

- 求主赦免你對金錢的愛和信靠超過了對他的愛和信靠。
- 想想你能如何使用金錢來服事神。為了更慷慨地賙濟窮人和推動福音事工，你可以放棄哪些東西呢？

謹記

- 閱讀《提摩太前書》1章15節：「『基督耶穌降世，為要拯救罪人。』這話是可信的，是十分可佩服的。在罪人中我是個罪魁。」
- 耶穌的死和復活足以拯救罪人中的罪魁。雖然我們是貪婪的罪人，但是感謝神，當我們祈求基督的憐憫時，他仍然拯救了我們。

分享

- 向教會中一位擅長理財的肢體展示你每月的預算。請對方指正你的消費習慣。

第八章

我能確知自己是基督徒嗎？

在我們閱讀本書的過程中，我們不得不做一項艱難的工作，就是把真正黑白分明的準則應用到我們的生活中，以顯出我們生活中的灰暗面。聖經中清楚地表明了這些準則：

- 如果你不相信福音，那麼你還不是基督徒。
- 如果你喜歡犯罪，那麼你還不是基督徒。
- 如果你無法將信心持守到底，那麼你還不是基督徒。
- 如果你不愛他人，那麼你還不是基督徒。
- 如果你還熱衷物質，那麼你還不是基督徒。

但當我們把這些準則放在自己的實際生活中時，卻往往很難做出明晰的判斷。例如，在下面這些人中，誰是真正的基督徒呢？

- 佩德羅是一個四十出頭的木匠。他與妻子結婚近

二十年，兩人育有兩個孩子。佩德羅在年輕時就宣告信仰基督，而且從來沒有犯過任何臭名昭著的大罪。他每週忠實地參加禮拜，從不缺席。不過，佩德羅也從不深入參與教會活動，而是與弟兄姊妹保持着一定的距離。他並不試着了解其他人，也不願意別人了解他。他總是坐在後面，半數時間板着臉孔，很少唱詩。他喜歡講道中的哲理思考，卻很少將其應用於自己的個人生活。

- 法蘭西斯科是一個留學生。在他的祖國，基督教被視為過了時的古董，是老太婆的迷信。自從來到美國，他結識了一群熱情的基督徒同學。他們邀請他一起出遊，並邀請他一起去教會。現在，他開始思考自己算不算是基督徒。當他聽說神藉着耶穌赦免他的罪時，他的心情難以平復。他開始拒絕罪，而且越來越多地信靠耶穌，但他依然深深地懷疑聖經中的一些記載是否真實地發生過。

- 芭芭拉是個年近三十的女人。她十幾歲時在一次青年營會上宣布信仰基督。她二十多歲結婚，並加入了附近的一間教會。但在某個時刻，她離開了教會。後來她丈夫發現她和好幾名男子有染，

於是決定與她離婚。離婚後她又懷上了其他男人的孩子。這時她重回教會，表示願意悔改。她接受了輔導、改變了行為。如今她帶着襁褓中的女嬰，試圖努力重建生活，但她心中十分寂寞，常常會受到性方面的試探，想藉此來尋求安慰。

- 艾倫是一個青少年。他的父母都是基督徒，他從小在教會中長大。小時候他就做過「把耶穌接到心裏」的禱告，並受了洗。他並不是不相信神，但他也確實沒有感覺到信仰給他的生活帶來了甚麼變化。他不酗酒，不吸毒，也不隨意與女性調情。但如果能逃脫懲罰，他就很可能會這麼做。

- 珍妮今年三十歲。她的丈夫是個位高權重的律師，而她則全職在家，照顧着三個年幼的孩子。她住在美國南部「聖經地帶」（以福音派為主導的地區，會眾出席率高於美國其他的區域——譯註），和周邊的朋友一樣，她也加入了當地的一間浸信會。雖然（用她自己的話說）她對信仰不是太執迷，但她願意自己的孩子從小受到宗教薰陶，而且她樂意為各種不同的教會事工項目奉獻財物，因為這會使她心情愉悅。她也不遺餘力地為全家人爭取最優渥的生活：漂亮的衣服、大房子、頂級名車，以及為她

的孩子提供最好的學校。

- 羅伯特二十多歲，單身。他成長於基督教家庭，
  對信仰很認真。他委身教會，讀經，每週堅持多
  次個人禱告。他喜歡閱讀屬靈書籍，收聽信仰廣
  播電台。但他在和朋友聚會時，有時會喝得爛醉
  如泥。而且，他每週會在網路上看一兩次色情電
  影。他總為這些事自責，但他認為自己只是不得
  已而為之。

在上述人物中，哪些是基督徒呢？除了法蘭西斯科外，所
有人都聲稱他們是基督徒，而且都能在一定程度上證明自己的
信仰。但他們似乎都不能完全符合本書中所羅列的準則。

如果我們捫心自問，又有誰能全然達到這些要求呢？有時
懷疑悄然出現，我們感到難以信靠耶穌。有時我們很難去愛其
他的基督徒。有時犯罪的感覺是如此愉悅。錢似乎能解決一切
問題。

難道沒有人是真基督徒嗎？既然我們都不能全然達到這些
標準，那麼又有誰能說自己是貨真價實的基督徒呢？又有誰能
有得救的確據呢？

雖然沒有一個基督徒是完美的，但我們依然可以對自己
的得救有確信。事實上，聖經鼓勵我們追求確據。使徒約翰甚

至說他的第一封書信是「寫給你們信奉神兒子之名的人，要叫你們知道自己有永生。」（約一5:13）但像我們這般軟弱、有罪、搖擺不定的人，如何才能確信自己真正屬於基督呢？首先，我們需要確認確信的根基。

確信的根基

任何穩固的建築都必須有堅實的地基，而我們得救確據的唯一根基就是耶穌。具體地說，我們需要從三個方面來認識耶穌：他是怎樣的，他做過甚麼，他應許過甚麼。

基督的品性

在福音書對耶穌生平的記載中，耶穌對罪人極其溫柔。「眾人都稱讚他，」路加說，「並稀奇他口中所出的恩言。」（路4:22）先知以賽亞預言他將憐憫卑微的人——「壓傷的蘆葦，他不折斷；將殘的燈火，他不吹滅。」（賽42:3）有時，我們看着耶穌就像受傷的羚羊望着獅子，感覺他好像隨時準備向我們撲過來。但這實在錯得離譜。他不是巴望着你犯錯，好定你的罪。耶穌不會毀掉我們，也不會吹滅我們。

事實上，耶穌恩慈地接納最底層的稅吏和妓女，這激怒了所有的「好人」（參見路5:30-31）。你在福音書中絕對看不到耶穌曾拒絕或嚴厲責備一個惡名昭彰的罪人。當軟弱的、瘸腿

的、不潔的、犯罪的和邊緣人來到耶穌面前時，他們總能受到
耶穌的歡迎，聽見他溫柔的話語。耶穌只譴責那些拒不悔改的
偽君子，驕傲的、貪婪的和自義的人。

　　耶穌不僅寬容罪人，也前來尋找、拯救失喪的人。所以，
他呼喚他們：「凡勞苦擔重擔的人，可以到我這裏來，我就使
你們得安息。**我心裏柔和謙卑**，你們當負我的軛，學我的樣
式，這樣，你們心裏就必得享安息。因為我的軛是容易的，我
的擔子是輕省的。」（太11:28-30）當我們就近耶穌時，我們
不會覺得他嚴苛和難以取悅。相反，他對軟弱的人心存憐憫，
願意赦免我們一切的罪，並醫治我們。身為罪人，我們信心的
根基在於耶穌是如此的仁慈、忍耐和寬容。

基督完成的工作

　　我們的信心根基也來自基督已經完成的工作。別忘了，我
們永遠不能靠着自己的順服來取悅神，甚至是那些最好的行為
也不行。《希伯來書》告訴我們，我們能夠在神面前有確據是
因為耶穌受死、復活，如今坐在天上：

> 　　弟兄們，我們既因耶穌的血得以坦然進入至聖
> 所，是藉着他給我們開了一條又新、又活的路從慢子
> 經過，這慢子就是他的身體。又有一位大祭司治理神
> 的家。並我們心中天良的虧欠已經灑去，身體用清水

洗淨了,就當存着誠心和充足的信心來到神面前。

（來10:19-22）

當我們來到基督的面前,他就完全洗淨我們一切的罪。他完全的義變成為我們的義,他甚至替我們背負一切的不義（林後5:21）。以前,我們因為罪而不能靠近聖潔的神。如今,我們因着基督為我們所做的,我們可以確信神接納我們、愛我們。

基督的應許

耶穌的品性和工作是透過他對罪人的應許來體現的,這些應許也是我們確信的根基。下面是耶穌的第一個應許:「凡父所賜給我的人,必到我這裏來;到我這裏來的,我總不丟棄他。」（約6:37）基督徒是天父「賜給」他兒子的人。但我們絕不可因此認為:「可能我不在當中,所以我去找耶穌的話,肯定會遭到他的拒絕。」不是這樣的。救主告訴我們,他絕不會丟棄任何一個來到他面前的人。我們永遠不需要擔心他會因為我們的罪和不可愛而遠離我們。

相反,對於我們這樣的罪人,他還有第二個應許:「我們若認自己的罪,神是信實的,是公義的,必要赦免我們的罪,洗淨我們一切的不義。」（約壹1:9）離了基督,我們的罪使我們與神隔離。但如果我們祈求,基督必定信實地赦免我們、洗

淨我們。

如果我們祈求，就將得到第三個應許：「因為我深信無論是死，是生，是天使，是掌權的，是有能的，是現在的事，是將來的事，是高處的，是低處的，是別的受造之物，都不能叫我們與神的愛隔絕；這愛是在我們的主基督耶穌裏的。」（羅8:38-39）當我們靠近基督，將會得到神一切恩典、憐憫和赦免的應許，因為這些都是他預備厚賜於人的（林後1:20）。

所以，即使我們需要透過自我省察來檢驗信心時，也要時刻牢記，我們不可能基於自己的行為獲得任何確信。請記住我們在本書開頭曾思考過的耶穌的那段話：

> 「凡稱呼我『主啊，主啊』的人，不能都進天國；惟獨遵行我天父旨意的人，才能進去。當那日，必有許多人對我說：『主啊，主啊，我們不是奉你的名傳道，奉你的名趕鬼，奉你的名行異能嗎？』我就明明地告訴他們說：『我從來不認識你們，你們這些作惡的人，離開我去吧！』」（太7:21-23）

請注意這些自欺之人的確信根基。他們倚靠的是自己輝煌的宗教履歷。這很容易理解。他們趕過鬼、說過預言、行過大事。因此，他們憑着這些行為確信自己已經得救了。但最

終，沒有任何人能靠着自己的履歷取悦神而得到確信。相反，我們唯一的希望來自耶穌的應許，他説，任何悔改相信他的人必定得救。在末日，神的百姓將會有一個如販奴商約翰‧牛頓（John Newton）那樣的見證：「我已經幾乎不能記事，但有兩件事依然在我心頭：我是罪人中的罪魁，而基督是偉大的救主。」①

除了基督的偉大和慈愛，我們沒有任何其他得救的根基。傑出的蘇格蘭神學家約翰‧慕理（John Murray）這樣形容道：

> 信徒的信心和愛心可能起起伏伏，出現不同程度的波動，但他們信心的根基是神的信實……如果我們不想受制於自己經歷所帶來的起伏不定的情緒，我們的心就必須依靠神救恩的確定性和穩固性。②

你如何才能知道？

認識了穩固的根基，現在我們就可以思考信徒能從哪些方

---

① 引自 Jerry Bridges, *Respectable Sins: Confronting the Sins We Tolerate* （Colorado Springs, CO: NavPress, 2007），31.

② John Murray, *The Collected Writings of john Murray, vol. 2, Lectures in Systematic Theology* （Carlisle: Banner of Truth, 1977），270-71.

面來確信自己是真基督徒了。我認為有四點內容能幫助我們確信我們是屬神的人。

相信基督

首先，我們必須相信基督。《希伯來書》的作者希望他的讀者能夠確定他們的信心是真實的，於是他寫道：「我們若將起初確實的信心堅持到底，就在基督裏有分了。」（來3:14）隨後，他告訴他們，他們在耶穌裏有確實的盼望，但他們必須將這信心堅持到底：「我們願你們各人都顯出這樣的殷勤，使你們有滿足的指望，一直到底。並且不懈怠，總要效法哪些憑信心和忍耐承受應許的人。」（來6:11-12）我們需要憑着忍耐和持守信心來承受應許。

保羅對歌羅西的信徒也有類似的教導。他說，如果他們能「在所信的道上恆心，根基穩固，堅定不移，不至被引動失去福音的盼望」（西1:23），就能夠在得救的事上有確據。我們在第五章中說過，真基督徒能持守信心。因此，問題的關鍵不在於「我過去是否宣告過相信基督」，而是「我此刻是否信靠基督拯救我」。如果你必須提及遙遠的過去才能證明你對基督的興趣，你恐怕需要好好思量你是否已經得救了。但如果一直以來你都能堅持信靠基督，你就有理由確信你已經得救了。

你還在懷疑自己嗎？那麼，別再想自己了，現在就停下，把你的心轉向他、相信他。現在就開始！

聖靈的同在

聖靈的內住也能表明我們是神的孩子。基督徒有聖靈內住在他們裏面，而非基督徒則沒有。請注意保羅在下面經文中所使用的「如果（若）」句式：

> **如果**神的靈住在你們心裏，你們就不屬肉體，乃屬聖靈了。人**若**沒有基督徒的靈，就不是屬基督的。基督**若**在你們心裏，身體就因罪而死，心靈卻因義而活。然而叫耶穌從死裏復活者的靈，**若**住在你們心裏，那叫基督耶穌從死裏復活的，也必藉着住在你們心裏的聖靈，使你們必死的身體又活過來。（羅 8:9-11）

我們如何才能知道聖靈住在我們裏面呢？從某種意義上來說，我們很難知道。聖靈內住不同於紋身，有着顯著的外在記號。但我們可以從以下幾方面進行觀察：

• **我們相信關於神的正確教義**。唯有靠着聖靈我們才能正確地相信。保羅注意到：「若不是被聖靈感動的，也沒有能說耶穌是主的。」（林前12:3）約翰也說，如果「我們信他兒子耶穌基督的

名,」就「知道神住在我們裏面,是因他賜給我們的聖靈。」（約壹3:23-24）

- **聖靈在我們的生命中結出果子。**聖靈會在基督徒的生命中留下作工的痕跡,據此我們就知道聖靈是否在工作。「聖靈所結的果子,就是仁愛、喜樂、和平、忍耐、恩慈、良善、信實、溫柔、節制。……凡屬基督耶穌的人,是已經把肉體連肉體的邪情私慾同釘在十字架上了。」（加5:22-24）

- **聖靈也向我們見證我們是神的兒女。**基督徒通常會有一種主觀的內在感覺,知道自己受到聖靈的引導去跟隨主,呼求他作我們的阿爸父。所以,保羅寫道:「你們既為兒子,神就差他兒子的靈進入你們的心,呼叫:『阿爸,父!』」（加4:6）他在另一處經文中說:「因為凡被神的靈引導的,都是神的兒子。你們所受的不是奴役的心,仍舊害怕;所受的乃是兒子的心,因此我們呼叫:『阿爸,父!』聖靈與我們的心同證我們是神的兒女。」（羅8:14-16）

順服神的話語

我們得救的第三點確據是順服神的話語。正如我們在第四章中所說的,如果罪在我們的生命中泛濫,這理應引發我們深思自己是否是真基督徒。與之相反,聖靈的果子(見上)應當鼓勵我們相信自己是屬神的。如果我們愛耶穌,就必定會遵守他的誡命(約14:15)。我們能像大衛一樣說,神的話語不是重擔,而是比蜜更甘甜(詩19:10)。

當然,我們萬不可以為自己能全然遵守神的律法,或在這個世界上完全展現出聖靈的果子。這個問題關乎我們的生活軌跡。熟悉你的人會說你的特點是順服神嗎?

你應該每天省察自己對待神話語的態度。你可以時常看見神律法的智慧嗎?你樂於順服他嗎?甚至在此刻,你對這些問題抱着怎樣的態度呢?聖經教導我們要省察自己,確信我們已經蒙召。你目前這樣做嗎?還是想當然地認為你肯定得救了呢?

生命漸漸長大

最後,也就是第四點確據:信徒的屬靈生命能夠日益成熟。我們察驗信仰的真實性,主要不是看自己當下的成熟度,而是整體的生命狀態。你可能在某段時間內深陷罪中,疲憊不堪,難以成長。也許你最近向孩子大動肝火或者在態度上藐視上司。你知道這樣不對,但你卻似乎沒有能力改變自己。這是

否意味着你不是基督徒呢？

這倒未必。你應該從整體上去評估你的屬靈狀況。你能看見自己在屬靈上的進步嗎？即使此刻你對自己極為失望，但你能看到自己在過去五年中的改變和成熟嗎？

大衛·鮑力生（David Powlison）教授曾對我說了一個很有幫助的比喻來形容基督徒的人生。他說基督徒的生命就像一顆溜溜球，上上下下，下下上上。這個比喻雖然聽起來有點打擊人，但卻十分貼切。某一天，我感覺自己似乎勝過了罪，而第二天，我感覺自己似乎又回到了原點。

然而鮑力生說，這並非全部。基督徒的人生軌跡和成長變化也許的確像溜溜球，但這是一個正在不斷沿台階向上攀登的人手中的溜溜球。這是一幅更令人鼓舞的畫面。在日常生活中，我們都能強烈地感受到那種溜溜球般的感覺——在與罪爭戰的過程中不斷地起起伏伏。但我們忘了將視角看得更廣，那就是神正在我們生命中做工，從而幫助我們不斷地成長和成熟——他正帶着我們不斷地攀登台階。所以，哪怕如今是我們生命中的低谷，也高過以前的巔峰時刻。③

因此，也許此刻你依然在努力克制自己不要向兒女動怒（上上下下、下下上上）。但如果你是一個基督徒，久而久

③　Paul David Tripp and David Powlison, *Changing Hearts, Changing Lives*, session 2（Greensboro, NC: New Growth, 2006）, DVD.

之，你（以及你的朋友）會發現你正慢慢變得更有愛心，你勃然大怒的次數會越來越少，其強度會減弱、時間也會縮短，並且你能很快地悔改，與人和好。

萬一我不是基督徒怎麼辦？

約翰·衛斯理（John Wesley）是一位聖公會牧師，他的父親也是聖公會牧師。到了1738年，衛斯理已經成為了英格蘭家喻戶曉的人物，因為他極為虔誠，嚴格恪守衛理公會的規條。但那時他還不是基督徒。他曾親口承認，他相信用自己的善行可以取悅神。他以為他恪守宗教傳統就能使自己與神和好。

後來，五月的一天，衛斯理在結束了一趟失敗的美洲宣教之旅後剛回國時，他突然經歷到了神的恩典。他在日記中寫道：

晚上，我勉為其難地參加了愛德門街的聚會，會中有人誦讀了馬丁·路德所寫的《〈羅馬書〉注釋》的序言。約在八時四十五分，當他描述神藉著人對基督的信，在人裏面所施行的改變時，我心中感到莫名的溫暖。我覺得自己確已信靠基督，並且唯靠基督得著了救恩；我確信他已經除去我的罪，救我脫離了罪

155

和死的律。[4]

我盼望你也曾經歷過類似的溫暖，確知基督已經除去了你一切的罪。

根據你此刻與神的關係，我求神使用這本書給你帶去如下影響：

- 如果你是個真基督徒，我希望本書能幫助你留心聖經的教導，察驗自己，確信你已經蒙召和被神揀選。我祈求你能更確信神的愛，更驚詫於他用他奇異的救恩來改變你、塑造你。
- 如果你是個掛名的基督徒——就像曾經徒有虛名的衛斯理一樣——我盼望神能使用這本書開啟你的雙眼，讓你看見自己屬靈的危險處境。我祈求神讓你看到，雖然你口上承認，心中也認為自己是基督徒，但你依然需要他的救恩。

---

[4] 引自Mark Noll, *Turning Points: Decisive Moments in the History of Christianity*（Grand Rapids, MI: Baker, 1997），225-26.（中譯本：樂馬可，《轉捩點——基督教會歷史裏程碑》，邱清萍譯，美國中信出版社，2002年。）此處為英文直譯。

親愛的朋友，如果你還不是基督徒，萬不可再拖延。現在就離棄罪，信靠耶穌吧！他必定樂意拯救你。

回應

反思

- 回到本章開頭的例子。他們有哪些得救的確據呢？他們的人生重心是甚麼？
- 不完美的人如何能確信他們已經得救了呢？
- 為甚麼我們得救的信心必須基於耶穌的品性、工作和應許？如果我們只憑靠自己的行為和態度來獲得確據，結果將會如何？
- 為何對真信徒來說，確信自己是神的孩子很重要？如果他們不確定自己是否已經得救，他們和神的關係將會有甚麼不同？
- 你是基督徒嗎？

悔改

- 為你憑靠自己的行為謀取救恩和神的恩惠向神認罪。
- 如果你在你的生命中看到了神救贖恩典的確據，請花時間來讚美他，並將榮耀歸給他。

謹記

- 閱讀《歌羅西書》2章13至14節：「你們從前在過犯和未受割禮的肉體中死了，神赦免了你們一切過犯，便叫你們與基督一同活過來，又塗抹了在律例上所寫攻擊我們有礙於我們的字據，把它撤去，釘在十字架上。」

- 基督的工作意味着我們這些曾死在罪中的人，如今活過來了。耶穌將我們一切的罪孽和過犯都釘在了十字架上。我們不需要付出任何代價來獲得赦免。這是神的禮物，白白賜給所有信靠耶穌的人。

分享

- 請教會裏的肢體根據本書列出的準則來評估你的生命狀態。詢問他們你的屬靈生命是否健康。

第九章

向朋友求助

早晨六點左右，我乘坐的飛機終於抵達了倫敦希斯洛機場。由於此前我只出過幾次國，所以疲乏的跨洋旅程使我全身無力。我口乾舌燥，臉色慘白。當我走進機場的咖啡店，想點一杯普通的滴濾咖啡，卻得知店裏只提供義式咖啡，這讓我感覺旅行糟透了。

最後我好不容易取到行李，坐上了來接我的計程車。接我的司機風度翩翩，名叫查斯，他是那週請我演講的宣教小組派來的。以他的高齡，足以當我的爺爺了，但奇怪的是，他一直稱我為「先生」。聊了一會兒後，我請他直接叫我邁克，因為我們美國人不習慣拘謹的社交，或以階層差異拒人於千裏之外。查斯解釋說，英國人也不習慣親暱的稱謂。不過，最終他還是同意改口叫我邁克，因為我是顧客，顧客至上。

剛一上路，查斯就開始向我娓娓道來他的信主經歷。他曾經酗酒吸毒，直到一個姊妹向他分享了耶穌的好消息，他當時立即相信並重生了。一路上我們都相談甚歡，直到快抵達盧頓

時，我突然感覺到有些無話可說了。為了尋找話題，我向查斯問起了他們教會的情況。

突然間，對話的氣氛驟變，查斯彬彬有禮的英式風度不見了，他雙手緊抓方向盤。「我不去教會，」他說，「我的車裏應有盡有。我可以用收音機聽講道，還可以和乘客團契，比如像您這樣的人。我不需要融入教會就能做基督徒。」

對於查斯的話，你作何感想？身為基督徒，你需要成為一間地方教會的成員嗎？還是可去可不去呢？

從某方面來說，查斯說得沒錯。從理論上來說，我們完全可以不加入教會，卻成為真正的基督徒。從理論上來說，兩個人也完全可以結婚，但從不住在同一個屋簷下。但這樣並不好，甚至是完全不合理的。基督徒脫離教會，這是違背耶穌心意的生活方式。且不說其他的，至少在身分上，你很難確定你是不是真正的基督徒。在最後的一章，我們將一起來查考為何委身地方教會是神幫助我們確知自己是不是基督徒的計劃之一。

教會成員和得救確據

聖經告訴我們教會有幾項工作要做。例如，教會應向萬國萬民傳講福音（太28:19-20；徒1:8），教會也是耶穌命定區分基督徒和非基督徒的外在途徑。

　　我們在本書開頭提到，很多人不清楚他們真實的屬靈光景。許多人是真基督徒，但他們害怕自己不是。更可怕的是，很多人真誠地相信自己是基督徒，但其實他們錯了。而當世人觀望教會，尤其當他們看到後一類人時，他們很難看出這些認信的基督徒和世人有甚麼區別。

　　但如果地方教會能夠發揮功用，情況就不會如此——當然，我恐怕也沒必要寫這本書了。這就是教會成員制的作用。教會應當由真正歸信的人組成。因此，教會成員制的作用之一就是帶給信徒得救的確據。當你成為一間教會的成員後，這意味着教會確認你宣告的信仰屬實。所以教會同意為你施洗、允許你領受主餐，並沒有驅逐你。教會成員制的另一個作用是向世界展示真正的基督徒是怎樣的，因為它能排除不信的人和虛假的認信者。

　　當然，沒有任何人或一間教會能看透一個人的內心並決定其永恆的去處。我們不應該想當然地以為，教會的決定必定是全然無誤的。即使如此，耶穌仍然賜給教會權柄，為他代言，辨別信徒信心的真偽，並在世上建立信徒的團契。無論教會在行使這項權柄時出現多大誤差，這仍是教會的責任和權柄。[1]

---

[1]　想了解精彩細膩的相關分析內容，可參考 Jonathan Leeman, *The Church and the Surprising Offense of God's Love: Reintroducing the Doctrines of Church Membership and Discipline*（Wheaton, IL: Crossway, 2010）, 182-217.

現在讓我們以我的計程車司機朋友查斯為例。根據我搭車45分鐘所能作出的判斷來看，他在聽見福音後，是用真實的悔改和信心來回應的。現在，他將代表耶穌向身邊的人作見證。每個坐上他車子的乘客都能聽到關於耶穌的消息，這很好。

但如果查斯錯了呢？如果他的認信不真實，他只是在自欺欺人呢？如果他生命中有很嚴重的罪，並且他拒不悔改，以致讓他的信仰受到質疑呢？為了便於說明，我們假設隨着時間的推移，查斯慢慢地變了。他開始敲詐顧客，在路上對其他司機大聲說粗話，又無禮地侵犯女性乘客。但他依然自稱基督徒。於是我們就會遇到兩個問題：

第一，這個人可能是自欺欺人，以為自己已經重生了；第二，他的行為將導致身邊的人誤解耶穌和耶穌的跟隨者。這就是教會成員制應該解決的問題。教會成員制將從以下三個方面着手來解決這個問題。

洗禮

根據聖經，信徒應當藉着洗禮公開自身的信仰，並加入地方教會。洗禮有兩方面的功用：一方面，信徒能確認自己是基督徒；另一方面，教會確認該信徒的信仰，並為之施洗，作為信心的外在記號和憑據。

因此，如果一個惡名昭彰的無神論者要求教會為他施洗，教會必須在施洗前仔細檢視他的生命，並詢問一些探究性的問

題。如果沒有這些程序，教會的洗禮就會變得毫無意義，只是激起一些水花而已。

主餐

如果說洗禮是基督徒表達對基督歸信的聖禮，那麼主餐就是基督徒表達對基督持續的信仰並與基督身體相連的聖禮。主餐也有兩方面的功用：信徒來到主的桌前，因為他們認為自己是基督徒；同時，教會允許信徒領受主餐，是因為他們的生活和言行與真正的基督教信仰相符。

矯正和管教

洗禮和主餐能幫助信徒確信他們的信仰是真實的。然而，隨着時間的推移，如果一個人的生命和品行逐漸墮落，似乎不再能表現出得救的跡象時，那麼教會就有義務介入並明確這一點。

使徒保羅在哥林多教會就遇見了這樣的問題。一個哥林多信徒傷風敗俗，但教會卻聽之任之，沒有正面地譴責他。因此，保羅寫信給教會，糾正他們的錯誤：

> 風聞在你們中間有淫亂的事。這樣的淫亂連外邦人中也沒有，就是有人收了他的繼母。你們還是自高自大，並不哀痛，把行這事的人從你們中間趕出去。

> 我身子雖不在你們那裏,心卻在你們那裏,好像我親
> 自與你們同在,已經判斷了行這事的人。就是你們聚
> 會的時候,我的心也同在。奉我們主耶穌的名,並用
> 我們主耶穌的權能,要把這樣的人交給撒但,敗壞他
> 的肉體,使他的靈魂在主耶穌的日子可以得救。(林
> 前 5:1-5)

保羅要求將這名男子趕出教會,除去他的會員身分,並且要拒絕他再次領受主餐。他最後總結道,「但如今我寫信給你們說:若有稱為弟兄是行淫亂的、或貪婪的、或拜偶像的、或辱罵的、或醉酒的、或勒索的,這樣的人不可與他相交,就是與他吃飯都不可。」(林前5:11)

這樣的管教有雙重目的。首先,保羅希望挽回這個走迷的弟兄——這樣或許他的靈魂可以得救。將他趕出教會等於在告訴他:「你現在的生活方式與你所認信的信仰不符,因此我們教會不能再認同你的宣告。」目的是希望這樣的管教能幫助他悔改,並轉向基督尋求赦免。

其次,教會的行動也能向世界說話。即使在世人看來,這名男子犯下的也是禽獸不如的罪過。因此,當教會施行管教,這也能使世人看見,一個公然犯罪、死不悔改的人不是真正的基督徒。

因此，耶穌授予教會權柄，公開確認誰是基督徒，誰不是基督徒。藉着洗禮、主餐和指正管教，教會對信徒的認信給予認可。這能防止我們自欺。

所以，如果你想知道你是不是真基督徒，那就去尋找一間相信聖經、教導聖經的教會。請他們幫助你察驗你的信仰。如果大家一致認為你是基督徒，你可以請求受洗，成為教會成員。

信仰的範圍

如果你還記得，我們在本書開頭歸納了真信心的五個特點：

- **相信真教義**。如果你只是單純地喜歡耶穌，那麼你還不是基督徒。
- **恨惡你生命中的罪**。如果你還喜歡犯罪，那麼你還不是基督徒。
- **持之以恆**。如果你無法持守信仰，那麼你還不是基督徒。
- **愛他人**。如果你對他人不夠關愛，那麼你還不是基督徒。

・**不再貪愛世界**。如果世上的很多東西對你來說比
神更寶貴,那麼你還不是基督徒。

正如教會應當驅逐假教師,同樣,教會也應當建造真教
師②。現在讓我們一起來思考,加入地方教會能如何幫助你活
出本書中討論的一些內容。

相信真教義

教會應當傳講真教義,特別是神話語的內容,以基督的
生、死和復活為中心。因此,保羅寫信給在以弗所的牧者提摩
太,吩咐他只教導神話語的真理:

> 務要傳道,無論得時不得時總要專心,並用百般
> 的忍耐、各樣的教訓責備人,警戒人,勸勉人。因為
> 時候要到,人必厭煩純正的道理,耳朵發癢,就隨從
> 自己的情慾,增添好些師傅,並且掩耳不聽真道,偏
> 向荒渺的言語。你卻要凡事謹慎,忍受苦難,做傳道
> 的工夫,盡你的職分。(提後 4:2-5)

與之類似,耶穌將屬靈領袖賜給教會,使他們可以在真道

---

② 神學家分別稱之為「矯正性紀律」和「塑造性紀律」。

上教導會眾。保羅在另一處寫道：

> 他（耶穌）所賜的有使徒，有先知，有傳福音的，有牧師和教師。為要成全聖徒，各盡其職，建立基督的身體，直等到我們眾人在真道上同歸於一，認識神的兒子，得以長大成人，滿有基督長成的身量，使我們不再作小孩子，中了人的詭計和欺騙的法術，被一切異教之風搖動，飄來飄去，就隨從各樣的異端。（弗4:11-14）

復活的基督已經裝備教會，使教會不會受到虛假教義的欺騙。教導真理的教師和長老將保護教會免受「狼群」的傷害（徒20:29-31）。

因此，成為一間健康教會的成員，能使你定期透過講台聆聽神的真理。當你與其他弟兄姊妹一同聆聽神的話語時，你的信心將得到堅固，並幫助你抵禦錯誤。同時，在敬虔領袖的牧養下，你就能遠離那些欺騙你、引誘你走上歧途的人。在這個喜好懷疑、熱愛嘲諷的時代，我們最好——不，我們應當——定期與持守相同信仰的肢體相交，這是很有幫助的，哪怕只是為了提醒你，你對信仰並非十分熱衷。

恨惡你生命中的罪

教會成員制也能幫助你愈發恨惡罪。透過聽道,你將愈發認清罪的本質、罪的嚴重性,以及基督徒所擁有的更美好的應許。我們所處的世界並不重視聖經對這些問題的教導。電視裏在兜售淫慾和輕佻,廣告在激發人的貪婪和嫉妒,對街的The Old Country Buffet(美國的一家連鎖自助餐廳——譯註)也在煽動人們的口腹之慾營生。然而,教會卻是一個看重、勸勉並高舉敬虔的地方。

教會中的弟兄姊妹必須彼此勸戒(西3:16),指教合宜的事(多2:3-4),勸勉對方謹守(多2:6)。所以,《希伯來書》的作者告訴基督徒要聚會,鼓勵彼此更加敬虔:「又要彼此相顧,激發愛心,勉勵行善。你們不可停止聚會,好像那些停止慣了的人,倒要彼此勸勉。既知道那日子臨近,就更當如此。」(來10:24-25)

此外,委身教會你將有機會勝過罪。在《加拉太書》5章,保羅列出了信徒需要棄絕的諸多的罪:「情慾的事都是顯而易見的,就如姦淫、污穢、邪盪、拜偶像、邪術、仇恨、爭競、忌恨、惱怒、結黨、紛爭、異端、嫉妒、醉酒、荒宴等類。我從前告訴你們,現在又告訴你們,行這樣事的人必不能承受神的國。」(加5:19-21)你是否注意到了中間的一連串的罪?這些罪都出現在群體中。獨來獨往的人不需要對付嫉妒、

仇恨或紛爭，因為沒有人引發他們的嫉妒或怒氣。但教會裏卻充滿了像你一樣的罪人，這既能帶給你試探，也能使你有機會勝過試探。

如果你的「團契」僅僅限於計程車裏的攀談，那麼很多罪你都將難以擺脫。計程車司機查斯看起來是個挺好的人，他既友好又有耐心。但我們還是把話說開吧，他其實和我相處得還不夠久。他根本不了解我發脾氣或遇到麻煩時的樣子。他從來不需要忍受我的罪，或容忍我的自私。他不僅失去了真正認識自己的良機，也失去了認識其他肢體（比如我）並幫助對方勝過罪的良機。教會生活幫助我們自己恨惡罪，也使我們有機會幫助他人恨惡罪。

持之以恆

你還記得我在第五章中所引用的耶穌的話嗎？「惟有忍耐到底的必然得救。」（太10:22）教會成員制恰恰能幫助我們做到這一點——將信心持守到底。

《希伯來書》3章教導我們：

> 弟兄們，你們要謹慎，免得你們中間或有人存著不信的惡心，把永生神離棄了。總要趁著還有今日，天天彼此相勸，免得你們中間有人被罪迷惑，心裏就剛硬了。我們若將起初確實的信心堅持到底，就在基

督裏有分了。（來 3:12-14）

作者教導我們要彼此相勸，以免被罪迷惑，心變剛硬。同樣地，一個孤獨無伴的基督徒如何能彼此勸勉，以至避免心變剛硬和自我欺騙呢？在教會中，我們與弟兄姊妹相交，這樣他們能逐漸認識我們，不斷勸勉我們行善，天天勸慰我們持守忠心。當他們看見我們迷失時，他們也會努力幫助我們回轉（雅 5:19-20）。

愛他人

如果你還記得，我們曾討論過基督徒所應有的特徵是愛仇敵、愛有需要的人，以及愛其他的基督徒。從某種意義上來說，成為一間教會的成員能幫助我們做到上述三點。正如卡森（D. A. Carson）在《愛的艱難之處》（*Love in Hard Places*）中所指出的那樣：愛其他的基督徒實際上就是在愛仇敵，因為對方像你一樣，也曾是神和全人類的仇敵。如今，在教會中，這些昔日的仇敵開始學習具體切實地彼此相愛。

在教會中，我們也學習去愛那些在靈性和身體上有缺乏的人。這個世界總是傾向於忽視那些有需要的人，但教會卻應當接納和擁抱他們。

我不希望將愛仇敵、愛有需要的人和愛其他的基督徒僅限於我們所在的地方教會，但這是很好的開端。你能愛其他教會

的基督徒嗎？當然能，也應當愛。然而，肢體間最重要的互動正是發生在我們身處的地方教會，因為我們這群人曾立約要彼此監督門徒的身分。

保羅在《以弗所書》中說，我們應當在地方教會中這樣彼此相愛：

> 我為主被囚的勸你們：既然蒙召，行事為人就當與蒙召的恩相稱。凡事謙卑、溫柔、忍耐，用愛心互相寬容，用和平彼此聯絡，竭力保守聖靈所賜合而為一的心。身體只有一個，聖靈只有一個，正如你們蒙召，同有一個指望：一主，一信，一洗，一神，就是眾人的父，超乎眾人之上，貫乎眾人之中，也住在眾人之內。（弗 4:1-6）

行事為人與蒙召的恩相稱意味着我們能夠謙卑忍耐，用愛心彼此寬容和保持合一。而這通常發生在地方教會這個基督的身體真實相交的地方。

事實上，我認為這恰恰是很多自稱為基督徒的人不愛聚會，或避免在一間教會長期委身的一個主要原因。委身教會需付出愛和捨己。比起個人所需，我們必須更看重他人的需要（腓2:3-4）。然而這些人卻不願意付代價地去愛其他的基

督徒。

畢竟,現實如此——愛的代價昂貴,而基督徒卻往往令人厭煩,且並不可愛。如果你委身在一間地方教會聚會,他們很可能會分配某項服事給你。你可能需要服事其他的基督徒(說不定還得在育嬰室裏照看他們的小孩!),接着你會發現自己身邊圍繞着一群破碎、軟弱、需要幫助的人。乍看起來這似乎很不劃算。但如果當你想起基督對你的愛和服事(可10:43-45),或者意識到其實你比自己想像中的更需要愛心和耐心時,你就會發現自己在教會中是得到保守和祝福的。

物質主義

教會是一個由人組成的團契,他們擁有比這個世界上任何東西都更大的財富。教會成員一同奉獻支持教會事工、救濟窮人並向世人傳福音。在世上,財富能使你更尊貴,但在教會卻不是這樣。所以雅各對他的讀者說,神對財富有着不同的理解:

> 我的弟兄們,你們信奉我們榮耀的主耶穌基督,便不可按着外貌待人。若有一個人帶着金戒指,穿着華美衣服,進你們的會堂去,又有一個窮人,穿着骯髒衣服也進去;你們就重看那穿華美衣服的人說:「請坐在這好位上」,又對那窮人說:「你站在那裏」,或

「坐在我腳凳下邊。」這豈不是你們偏心待人，用惡意斷定人嗎？我親愛的弟兄們，請聽，神豈不是揀選了世上的貧窮人，叫他們在信上富足，並承受他所應許給那些愛他之人的國嗎？（雅 2:1-5）

最後的話

現在，我意識到我在上文所說的一切都是一種理想狀態。沒有一間教會能在勸勉和踐行聖經原則的事上毫無瑕疵。雖然教會還不完美，但這不代表你應該做一名獨行俠。相反，當你察驗自己的生活時，你應當尋求地方教會弟兄姊妹的幫助；當你尋求揀選和蒙召的確據時，你也應當在一個有愛心和鑑別力的基督徒團契中這樣做。

當死亡趨近時，使徒保羅在他的最後一封書信中寫道：

> 我現在被澆奠，我離世的時候到了。那美好的仗我已經打過了，當跑的路我已經跑盡了，所信的道我已經守住了。從此以後，有公義的冠冕為我存留，就是按著公義審判的主到了那日要賜給我的，不但賜給我，也賜給凡愛慕他顯現的人。（提後 4:6-8）

　　我所祈盼的是,當你走到人生的盡頭時,也能像保羅一樣說出這番話來。

回應

反思

- 查斯認為他無需加入教會,關於這一點,你可以如何回應他?
- 你是否需要長期委身一間教會,還是可以每個主日在不同的教會之間遊蕩?
- 我們如何能夠靠着教會的群體生活而勝過一些特定的罪?哪些聖靈的果子我們只有在人群中才能顯現出來?

悔改

- 向神承認你存在一些個人主義思想或對權柄的厭惡,以至使你不願委身地方教會。
- 制定計劃,尋找一間你可以長期委身的教會。

謹記

- 《以弗所書》5章25至27節說:「……基督愛教會,為教會捨己。要用水藉着道把教會洗淨,成為聖潔,可以獻給自己,作個榮耀的教會,毫無玷污、皺紋等類的

病，乃是聖潔沒有瑕疵的。」

- 當基督為我們捨命時，我們並非聖潔無瑕；相反，他為罪人而死。讚美他，因為任何人就近他，他都願意赦免並洗淨那人的罪！

分享

- 告訴教會領袖你希望成為教會成員，這樣你將得到督促。

- 請一位教會肢體在未來一年內幫助你在本章中提及的領域中有所成長。

致　謝

　　我想為本書向幾位朋友道謝。

　　首先，寫作本書是我朋友安德魯・席伍德（Andrew Sherwood）的提議。我十分贊成，不過我果斷否決了他那拙劣的標題。

　　其次，我得感謝傑出的編輯約拿單・李曼（Jonathan Leeman）。他讓本書「增添光彩」，也很包容我蹩腳的笑話，和這麼一位好友合作十分愉悦。

　　第三，我很感謝十架路出版社（Crossway）的優秀同工對此合作案的支持。我很榮幸能與這樣專業的團隊一起合作。

　　第四，吉爾福德浸信會（Guilford Baptist Church）良善的會眾為我帶來了莫大的鼓勵。這間教會為牧者的服事帶來莫大的喜樂，我無法想像有哪間教會更甚於此。由衷感謝羅氏夫婦（Brain and Leslie Roe）在寫作期間對我的熱心款待。

　　當然，最後我還要感謝我的家人。當我全力以赴伏案寫作時，我的四個孩子肯德爾（Kendall）、諾克斯（Knox）、菲尼亞斯（Phineas）和埃比尼澤（Ebenezer）都很聽話。而我

的妻子凱倫（Karen）無疑是這個世界上最鼓勵我、最溫柔捨
己、最支持我而又最有耐心的女人。自從與她結為連理，我每
天都能感受到神是何等愛我這個不配的人。

經文索引

我們的使命：

九標誌事工存在的目的是用聖經視野和實用資源裝備教會領袖，進而通過健康的教會向世界彰顯神的榮耀。

為此，我們希望幫助教會在常常被忽略的，卻是健康教會當有的九個標誌上成長：

標誌一：解經式講道

標誌二：福音的教義

標誌三：基於聖經理解悔改歸信和傳福音

標誌四：合乎聖經的教會成員制

標誌五：合乎聖經的教會紀律

標誌六：基於聖經關注門訓和成長

標誌七：合乎聖經的教會帶領

標誌八：基於聖經理解和實踐禱告

標誌九：基於聖經理解和實踐宣教

在九標誌事工網站，我們會發佈文章、書評、電子期刊和圖書。我們同時也舉辦大會、訪談教會領袖並提供其他資源來裝備教會以彰顯神的榮耀。

您可以訪問我們的中文網站（https://cn.9marks.org/）取得更多資源。

九標誌已經翻譯出版的「建造健康教會」系列書籍有：

《教會成員制》(*Church Membership*)，約拿單·李曼 (Jonathan Leeman) 著，2014。

《解經式講道》(*Expositional Preaching*)，大衛·赫爾姆 (David Helm) 著，2015。

《教會紀律》(*Church Discipline*)，約拿單·李曼 (Jonathan Leeman) 著，2015。

《長老職分》(*Church Elders*)，傑拉米·萊尼 (Jeramie Rinne) 著，2015。

《門徒訓練》(Discipling)，狄馬可 (Mark Dever) 著，2017。

《福音佈道》(*Evangelism*)，史麥克 (J. Mack Stiles) 著，2018。

《福音》(*The Gospel*)，雷·奧特倫 (Ray Ortlund) 著，2019。

《純正教義》(*Sound Doctrine*)，鮑比·傑米森 (Bobby Jamieson) 著，2019。

《禱告》(*Prayer*)，約翰·翁武切庫 (John Onwuchekwa) 著，2020。

《宣教》(*Missions*)，安迪·約翰遜 (Andy Johnson) 著，2020。

《聖經神學》(*Biblical Theology*)，尼克·羅克 (Nick

Roark）與羅伯特・克萊恩（Robert Cline）合著，2020。

《歸信》（*Conversion*），邁克爾・勞倫斯（Michael Lawrence）著，2020。

《共同敬拜》（*Corporate Worship*），馬太・默克（Matt Merker）著，2021。

《執事》（*Deacons*），馬特・斯梅瑟斯特（Matt Smethurst）著，2021。

九標誌已經翻譯出版的「教會論基礎」系列書籍有：

《認識教會帶領》（*Understanding Church Leadership*），狄馬可（Mark Dever）著，2021。

《認識會眾的權柄》（*Understanding the Congregation's Authority*），約拿單・李曼（Jonathan Leeman）著，2021。

《認識大使命》（*Understanding the Great Commission*），狄馬可（Mark Dever）著，2021。

《認識主餐》（*Understanding the Lord's Supper*），鮑比・傑米森（Bobby Jamieson）著，2022。

《認識洗禮》（*Understanding Baptism*），鮑比・傑米森（Bobby Jamieson）著，2022。

《認識教會紀律》（*Understanding the Church Discipline*），約拿單・李曼（Jonathan Leeman）著，2022。

九標誌已經翻譯出版的其他九標誌書籍有：

《健康的教會成員》(*What Is a Healthy Church Member?*)，安泰博 (Thabiti M. Anyabwile) 著，2014。

《健康教會的九個標誌·學習手冊》(*Nine Marks of a Healthy Church Booklet*)，狄馬可 (*Mark Dever*) 著，2014。

《神榮耀的彰顯：會眾制教會治理》(*A Display of God's Glory: Basics of Church Structure*)，狄馬可 (Mark Dever) 著，2014。

《福音真義》(*What Is the Gospel?*)，紀格睿 (Greg Gilbert) 著，2015。

《憑誰權柄：浸信會中的長老》(*By Whose Authority? Elders in Baptist Life*)，狄馬可 (Mark Dever) 著，2015。

《何謂健康教會》(*What Is a Healthy Church?*)，狄馬可 (Mark Dever) 著，2015。

《耶穌是誰》(*Who Is Jesus?*)，紀格睿 (Greg Gilbert) 著，2016。

《福音信息與個人佈道》(*The Gospel and Personal Evangelism*)，狄馬可 (Mark Dever) 著，2016。

《我真是基督徒嗎？》(*Am I Really a Christian?*)，邁克·麥金利 (Mike McKinley) 著，2016。

《教會》(*The Church*)，狄馬可 (Mark Dever) 著，2017。

《教會生活中的長老》(*Elders in the Life of the Church*)，

費爾·牛頓（Phil. A. Newton）與馬太·舒馬克（Matt Schmucker）合著，2017。

《迷人的共同體》（*The Compelling Community*），狄馬可（Mark Dever）與鄧潔明（Jamie Dunlop）合著，2018。

《牧師的輔導事工》（*The Pastor and Counseling*），傑瑞米·皮埃爾（Jeremy Pierre）與迪帕克·瑞吉（Deepak Reju）合著，2018。

《尋找忠心的長老和執事》（*Finding Faithful Elders and Deacons*），安泰博（Thabiti M. Anyabwile）著，2018。

《為何相信聖經》（*Why Trust the Bible?*），紀格睿（Greg Gilbert）著，2018。

《以聖道為中心的教會》（*Word-Centered Church*），約拿單·李曼（Jonathan Leeman）著，2019。

《甚麼是教會的使命？》（*What Is the Mission of the Church?*），凱文·德揚（Kevin DeYoung）與紀格睿（Greg Gilbert）合著，2019。

《艱難之地的教會》（*Church in Hard Places*），麥茨·麥可尼（Mez McConnell）與邁克·麥金利（Mike McKinley）合著，2019。

《品格至關重要》（*Character Matters*），亞倫·曼尼科夫（Aaron Menikoff）著，2022。

《如何建造一間健康教會》（*How to Build a Healthy*

Church），狄馬可（Mark Dever）、亞保羅（Paul Alexander）合著，2023。

《健康教會九標誌》（*Nine Marks of a Healthy Church*），狄馬可（Mark Dever）著，2023。

《牧師預備之路》（*The Path to Being a Pastor*），鮑比・傑米森（Bobby Jamieson）著，2023。

九標誌已經翻譯的合作夥伴書籍有：

《豎起你的耳朵來：實用聽道指南》（*Listen Up! A Practical Guide to Listening to Sermons*），克里斯多夫・艾許（Christopher Ash）著，2015。

《以基督為中心的婚禮》（*A Christ-Centered Wedding: Rejoicing in the Gospel on Your Big Day*），凱瑟琳・帕克斯（Catherine Parks）與琳達・斯特羅德（Linda Strode）合著，2016。

《家庭敬拜》（*Family Worship*），唐・惠特尼（Donald S. Whitney）著，2018。

其他機構出版的九標誌中文書籍有：

《聖經神學與教會生活》（*Biblical Theology in the Life of the Church*），邁克・勞倫斯（Michael Lawrence）著，中華三一出版有限公司，2018。